EINFACH genial GRILLEN

Dutch Oven

MIT GRILLWELTMEISTER

Oliver Sievers

HEEL

Inhalt

6 Vorwort
8 So reguliert man die Hitze
9 Die richtige Verteilung der Briketts
11 Mit vs. ohne Füße
11 Immer der richtige Topf

SUPPEN UND EINTÖPFE

14 Chili Blanco
16 Chili con Carne
18 Erbsensuppe
20 Fischsuppe
22 Graupensuppe
24 Gulasch
26 Gumbo
28 Karotteneintopf
30 Käsesuppe
32 Kürbissuppe
34 Linseneintopf
36 Mexikanischer Maiseintopf mit Rindfleisch
38 Pfundstopf
40 Wurstgulasch

FLEISCH, FISCH UND MEERESFRÜCHTE

44 Cannelloni
46 Currywurst mit Pommes frites
48 Empanadas
50 Geschmorte Schweinebäckchen
52 Green Chicken Chili
54 Hühnertopf mit Mango
56 Kasseler mit Sauerkraut
58 Knoblauchhähnchen
59 Lammhaxen
60 Kohlrouladen
62 Königsberger Klopse
64 Meatballs
66 Muscheln in Sud
67 Ribs
68 Paprika-Hähnchen
70 Pulled Pork
72 Ragù alla bolognese
74 Rehkeule
76 Salzbraten
78 Schichtfleisch
80 Shepherd's Pie
82 Sloppy-Joe-Burger
84 Spanisches Kaninchen
86 Texas Chili
88 Würstchen mit Schwarzbier-Zwiebeln

BEILAGEN, VEGETARISCHES UND CO.

92 Gefüllte Paprikaschoten
94 Grünkohl
96 Kartoffelgratin
98 Mac'n'Cheese
100 Redneck Beans
102 Sauerteigbrot mit Griebenschmalz
104 Süßkartoffelgratin
106 Pilzrisotto
108 Vegetarisches Curry
110 Weißbrot
112 Zupfbrot

DESSERT

116 Cheesecake
118 Obstcrumble mit Vanillesauce
120 Quarkbällchen
122 Süße Buchteln
124 Toffifee-Brownie-Kuchen mit Aprikosenkompott

127 Danksagung

EINFACH *genial* GRILLEN

Dutch Oven

IMPRESSUM

HEEL Verlag GmbH
Gut Pottscheidt
53639 Königswinter
Tel.: 02223 9230-0
Fax: 02223 9230-13
E-Mail: info@heel-verlag.de
Internet: www.heel-verlag.de

Autor: Oliver Sievers
Projektleitung: Christine Birnbaum, Hannah Kwella
Foodstyling: Ulrike Rhein-Hamburger, Volker Debus
Satz und Gestaltung: Ralph Handmann
Fotos: © Volker Debus

Mit freundlicher Unterstützung von
COCOCABANA GRILLBRIKETTS · Petromax · KÜBLER IHR METZGER · ANKERKRAUT GESCHMACKSMANUFAKTUR

Unter Verwendung FSC®-zertifizierten Materials gedruckt

Printed in Slovakia

ISBN: 978-3-96664-182-1

FSC MIX Papier aus verantwortungsvollen Quellen FSC® C084279

Hallo Grillfreunde!

Meinen ersten Dutch Oven (auch „Dopf“ genannt) bekam ich vor ca. 10 Jahren von meinem Bruder zum Geburtstag geschenkt.
Noch etwas unsicher, was genau ich mit dem Klumpen Metall anfangen sollte, habe ich mich natürlich trotzdem, so wie es sich für einen Beschenkten gehört, sehr darüber gefreut. Ein paar erklärende Worte und Tipps seinerseits gaben mir eine Idee davon, was man mit dem Topf alles anstellen könnte – und so ging es los mit den ersten Experimenten.
Schnell wurde mir klar, wie vielseitig so ein doch sehr einfaches Kochgerät sein kann und immer neue Kreationen wurden darin geschaffen. Nach dem Besuch eines Dutch-Oven-Offline-Treffens mit etlichen Gleichgesinnten wurde mir bewusst, dass für mich ein normales Leben ohne Dutch Oven nicht mehr möglich war. Schnell wuchsen Anzahl und Ausführungen, um möglichst interessant und vielseitig damit kochen zu können.

Der Dutch Oven gehört für mich bei praktisch jedem Grillabend dazu – und sei es nur für die Beilagen oder den Nachtisch. Aber auch bei meinen Grillkursen und -vorführungen nutze ich fast immer auch einen oder mehrere Töpfe und jedes Mal sind die Leute begeistert, wie einfach man damit leckere Speisen zubereiten kann. Da sich in der letzten Zeit sehr viel Aktivität nach draußen verlagert hat, draußen kochen erlebt ja einen regelrechten Trend, sind auch der Dutch Oven und die verschiedenen Varianten davon, deutlich in den Fokus der immer größer werdenden Outdoor-Community gerückt.

In diesem Buch finden sich viele verschiedene Rezepte: Klassiker, Altbewährtes in neuer Fassung, aber auch ein paar von mir entwickelte und erprobte Rezepte, die deutlich aufzeigen, wie vielseitig und unkompliziert man mit einem Dutch Oven kochen, schmoren, backen, frittieren, braten oder dünsten kann.
Dieses Buch versteht sich als Grundausstattung für Beginner, Rezeptsammlung und Anleitung, aber vor allem als Inspirationsquelle für leidenschaftliche Griller und Köche, denn eine Sache ist gerade beim Dutch Oven das Wichtigste – Kochen fängt da an, wo das Rezept aufhört – also inspirieren lassen, ran an den Dopf und loslegen!
In diesem Sinne, viel Spaß beim Nachmachen und Experimentieren.

Oliver Sievers

SO REGULIERT MAN DIE HITZE

Grundsätzlich kann man den Dutch Oven mit fast jeder Hitzequelle nutzen, seien es Lagerfeuer, Holzkohle, Briketts, Kochfeld, Backofen, Kohle- oder Gasgrill. Klassisch ist natürlich das Lagerfeuer, denn der Dutch Oven (auch *Camp Oven* oder *Chuck Wagon Oven* genannt) hat eine sehr lange Tradition, die bis ins 18. Jahrhundert zurückreicht.
Er wurde z. B. durch deutsche und niederländische Einwanderer in die USA gebracht und wurde als Koch- und Backgeschirr bei der Besiedlung dieses riesigen Landes praktisch unverzichtbar – und etwas anderes als ein Lagerfeuer war auf den Trecks nach Westen nicht verfügbar.

Obwohl meiner Meinung nach das Kochen am Lagerfeuer am meisten Spaß macht, allerdings auch die meiste Erfahrung benötigt, hat sich dann doch eher das Befeuern mit Briketts durchgesetzt, sei es aus gepresster Holzkohle oder aus verkohlter Kokosnuss, wie ich sie immer nutze.
Selbstverständlich empfiehlt es sich hier hochwertige Ware zu nutzen und wenn man „seine" Lieblingsbriketts gefunden hat, sollte man auch dabei bleiben, denn die Briketts haben naturgemäß einen hohen Anteil an der Steuerung der Hitze im Dutch Oven. Unterschiedliche Fabrikate haben eine unterschiedliche Hitzeentwicklung und auch das Abbrennverhalten, bzw. die Abbrenndauer ist anders. Mit Briketts lässt sich sehr gut arbeiten, weil man die Anzahl der durchgeglühten Briketts zählen und so sehr leicht aus seinen Erfahrungen lernen kann.
Bei den Rezepten in diesem Buch sind im Regelfall die Anzahl der (glühenden) Briketts unter dem Dutch Oven und die Anzahl der auf dem Deckel zu verteilenden Briketts angegeben.
Bei mir und meinen Dutch Oven hat das alles sehr gut funktioniert und als erste Orientierung sind die Angaben auch sehr gut nutzbar, allerdings werdet ihr schnell merken, dass die Temperatur im Topf von vielen Faktoren abhängig ist.
Die Qualität des Dutch Ovens und der Briketts, die Außentemperatur und Windverhältnisse, aber auch Menge und Temperatur des Inhalts haben beispielsweise großen Einfluss auf die Temperatur und die davon abhängige Garzeit.

Das Kochen oder Backen mit dem Dutch Oven ist aber kein Hexenwerk oder Raketentechnik, einfach etwas gesunden Menschenverstand einschalten, Briketts wegnehmen oder zugeben ist ja jederzeit möglich, dann klappt das Arbeiten mit einem Dopf sehr gut, und mit der gemachten Erfahrung erzielt man auch schnell perfekte Ergebnisse.

DIE RICHTIGE VERTEILUNG DER BRIKETTS

Sehr wichtig ist natürlich die richtige Verteilung der Briketts, um ein An- oder Verbrennen der Speisen zu verhindern, wobei zu viel Hitze das eigentliche Problem ist. Lieber anfangs vorsichtig mit weniger Briketts starten, denn Nachlegen ist ja jederzeit möglich.
Generell kann man sich an einige Grundsätze halten:

BEI GEBACKENEN SPEISEN, z. B. Kuchen oder Brot, die leicht bei zu viel Unterhitze anbrennen, sollte man ungefähr ¼ unter dem Dutch Oven und ¾ auf dem Deckel verteilen.

BEI SUPPEN UND EINTOPFEN sind ⅔ der Briketts unter dem Dutch Oven und ⅓ auf dem Deckel ein guter Maßstab.

GESCHMORTE SPEISEN MIT FLEISCH vertragen es gut, wenn man jeweils die Hälfte der Briketts unter dem Dutch Oven und auf dem Deckel platziert.

PETROMAX TEMPERATURTABELLE

Bei den Rezepten in diesem Buch, habe ich mich an den Dutch Oven von Petromax orientiert.
Folgende Tabelle soll bei der groben Einschätzung unterschiedlicher Temperaturen behilflich sein. Die linke Spalte beschreibt dabei die Größe der Töpfe. Die Ziffern in den übrigen beiden Spalten geben die Menge der Briketts an, die man für die jeweilige Temperatur benötigt, wobei die Angaben in den Klammern für die Aufteilung der Briketts unter dem Topf und auf dem Deckel stehen (unten/oben).

Größe	160–180 °C	200–225 °C
ft1	5 (2/3)	8 (3/5)
ft3	8 (3/5)	14 (5/9)
ft4,5	15 (6/9)	21 (7/14)
ft6	24 (10/14)	30 (10/20)
ft9	24 (9/15)	30 (9/21)
ft12	28 (11/17)	38 (13/25)
ft18	32 (13/19)	42 (14/28)

Natürlich gibt es den Dutch Oven von vielen verschiedenen Firmen. In der folgenden Tabelle habe ich zwei weitere gängige Marken aufgeführt, damit die entsprechende Größe und das Fassungsvermögen (in Liter) nachgeschaut und umgerechnet werden kann.

GRÖSSENTABELLE INHALT OHNE DECKEL

Petromax	Lodge	Camp Chef / Zollgrößen
ft1/0,9 l	2 qt/1,9 l	5"/0,7 l
ft3/1,6 l	4 qt/3,8 l	8"/1,9 l
ft4,5/3,5 l	5 qt/4,7 l	10"/3,8 l
ft6/5,5 l	6 qt/5,7 l	12"/5,7 l
ft9/7,5 l	8 qt/7,6 l	14"/8 l
ft12/10,8 l	10 qt/9,5 l	16"/12 l
ft18/16,1 l		

Der Deckel eines Dutch Oven eignet sich hervorragend als Bratpfanne oder als Back- und Auflaufform. Dabei kommen die Einsatzmöglichkeiten natürlich auf die Größe und Ausführung des Topfes an.

MIT VS. OHNE FÜSSE

Es gibt viele verschiedene Größen und Ausformungen in der Dutch Oven-Welt, noch dazu gibt es die meisten Töpfe in zwei Varianten – mit und ohne Füße. Wenn man ausschließlich über Glut oder Briketts damit arbeitet, ist ein Dutch Oven mit Füßen die richtige Wahl.
Für alle, die den Topf vielleicht auch mal im Grill oder Backofen nutzen wollen, ist ein Dutch Oven ohne Füße die richtige Entscheidung, zumal es einfache Metallgestelle für die Benutzung über Glut oder Briketts gibt, die beim Dutch Oven oft mitgeliefert werden, so dass man praktisch alle Möglichkeiten zur Nutzung hat.

IMMER DER RICHTIGE TOPF

Die richtige Topfgröße für sein Vorhaben zu finden mag dem einen oder anderen schwierig erscheinen. Deshalb habe ich mich an den Vorgaben von Petromax orientiert und euch eine Tabelle mit groben Mengenangaben erstellt.

Größe	Personenzahl
ft1	1–2
ft3	1–3
ft4,5	2–5
ft6	4–8
ft9	8–14
ft12	14–20
ft18	mehr als 20

SUPPEN UND EINTÖPFE

Chili Blanco

Zutaten für Petromax ft9 | Briketts (9/15)

- 200 g Lauchzwiebeln
- 1 große Zwiebel
- 4 Jalapeños
- 1 grüne Paprikaschote
- 2 Knoblauchzehen
- 800 g ausgelöste Hühnerkeulen
- 3 EL BBQ-Rub (z. B. „Texas Chicken“ von Ankerkraut)
- 30 ml Öl
- 400 ml Hühnerfond
- 800 g gekochte weiße Bohnen
- Salz und Pfeffer
- 1 EL Oregano
- 1 TL Cumin
- 200 g Frischkäse
- 250 ml Sahne
- 100 g geriebener Cheddar
- 1 Bund Koriander

Zubereitung

1 | Die Briketts vorbereiten und den Dutch Oven darüber stark erhitzen.

2 | In der Zwischenzeit das Gemüse kleinschneiden.

3 | Die Hähnchenteile in mundgerechte Stücke schneiden und mit dem BBQ-Rub würzen. Wenn der Dutch Oven ordentlich heiß ist, das Öl hineingeben und die Hähnchenteile kräftig darin angebraten. Nach ein paar Minuten das Gemüse dazugeben und ebenfalls kräftig anrösten.

4 | Mit dem Fond ablöschen, die Bohnen dazugeben und mit Salz, Pfeffer, Oregano und Cumin würzen. Gut verrühren und den Deckel auflegen.

5 | Jetzt die 9 Briketts unter dem Dutch Oven und die 15 auf dem Deckel verteilen. Für ca. 30 Minuten köcheln lassen.

6 | Anschließend den Frischkäse, die Sahne und den Cheddar hinzufügen und alles gut miteinander vermischen. Deckel wieder schließen und für weitere 15 Minuten sanft kochen, bis die Sauce eine cremige Konsistenz bekommen hat. Mit Salz und Pfeffer abschmecken und mit etwas frischem Koriander servieren.

Chili con Carne

Zutaten für Petromax ft12 | Briketts (12/14)

- 2 kg Hackfleisch vom Rind
- Olivenöl
- 250 g Karotten
- 250 g Sellerieknolle
- 250 g Stangensellerie
- 250 g Zwiebeln
- 4 Knoblauchzehen
- 4 Chilischoten (nach eigenem Geschmack variieren)
- Salz und Pfeffer
- 1 EL Cumin
- 2 EL Paprikapulver, scharf
- 2 EL Mehl
- 500 g gehackte Dosentomaten
- 500 ml Rinderfond (oder Schwarzbier, das passt auch sehr gut)
- 1000 g Kidneybohnen aus der Dose (andere Bohnen gehen natürlich auch)
- 500 g Mais aus der Dose
- 400 g rote Spitzpaprika
- 50 g Schokolade (70 %)

Zubereitung

1 | Die Briketts vorbereiten und den Dutch Oven darauf kräftig vorheizen.

2 | Das Hackfleisch mit den Händen zerbröseln und im Dutch Oven mit etwas Öl scharf anbraten. In der Zwischenzeit die Karotten, beide Sellerie, die Zwiebeln, den Knoblauch und die Chilischoten putzen und in kleine Würfel schneiden.

3 | Wenn das Hackfleisch schön angeröstet ist (das dauert durchaus ein paar Minuten) das Gemüse dazugeben und für ein paar Minuten mit anrösten. Anschließend mit Salz, Pfeffer, Cumin und Paprikapulver würzen, das Mehl hinzugeben und alles gut miteinander vermischen.

4 | Die Hackfleisch-Gemüse-Mischung mit den gehackten Tomaten und dem Rinderfond ablöschen und gut umrühren.

5 | Den Deckel schließen und den Dutch Oven mit 12 Briketts unten und 14 Briketts auf dem Deckel befeuern. Für ca. 1 Stunde köcheln lassen, zwischendurch umrühren und die Flüssigkeit kontrollieren, gegebenenfalls Fond oder Wasser hinzufügen. Anschließend die Bohnen und den Mais hinzufügen (vorher abtropfen lassen), außerdem die in Streifen geschnittene Spitzpaprika. Deckel wieder schließen und für weitere 15 Minuten köcheln lassen. Vor dem Servieren die Schokolade einrühren und abschmecken.

Erbsensuppe

Zutaten für Petromax ft9 | Briketts (9/12)

200 g Zwiebel
2 EL Öl
200 g Sellerieknolle
200 g Lauch
200 g Karotten
100 g Staudensellerie
1 l Gemüsebrühe
500 g Erbsen (grün oder gelb), über Nacht eingeweicht
Salz und Pfeffer
2 Lorbeerblätter
500 g Kartoffeln
6 Bockwürstchen
½ Bund Petersilie

Zubereitung

1 | Die Briketts vorbereiten und den Dutch Oven darüber erhitzen.

2 | Die Zwiebeln würfeln und in etwas Öl darin anschwitzen.

3 | Den Sellerie, den Lauch und die Karotten putzen, würfeln und ebenfalls in den Dutch Oven geben, kurz mit anschwitzen. Anschließend mit der Gemüsebrühe aufgießen und die Erbsen dazugeben.

4 | Mit Salz und Pfeffer würzen und die Lorbeerblätter hineingeben. Dann den Deckel schließen, 9 Briketts unter dem Topf platzieren und 12 Stück auf dem Deckel verteilen. Für ca. 1 ½ Stunden köcheln lassen, bis die Erbsen fast gar sind.

5 | Die Kartoffeln schälen, würfeln und dazugeben. Den Deckel wieder schließen und für weitere 20–30 Minuten köcheln lassen, bis die Kartoffeln gar sind. Bis zu diesem Punkt handelt es sich um ein vegetarisches Gericht und kann nach nochmaligem Abschmecken auch so serviert werden. Wer auf Fleisch nicht verzichten möchte, kann an dieser Stelle die Bockwürste in dicke Scheiben schneiden und in die Suppe geben. Nach weiteren 5 Minuten köcheln heiß und mit der Petersilie bestreut servieren.

Fischsuppe

Zutaten für Petromax ft12 | Briketts (12/14)

- 2 Zwiebeln
- 2 EL Öl
- 2 Stangen Bleichsellerie
- 200 g Sellerieknolle
- 200 g Karotten
- 200 g Lauch
- 1 Chilischote
- 2 Knoblauchzehen
- 250 ml Weißwein
- 3 Lorbeerblätter
- Salz und Pfeffer
- 2 l Gemüse- oder Fischfond
- 1 kg Fischfilets nach Wahl (z. B. Lachs, Wels, Barsch)
- 200 g Miesmuscheln
- 200 g Shrimps
- 1 Bio-Zitrone
- ½ Bund Petersilie

Zubereitung

1 | Die Briketts vorbereiten und den Dutch Oven darüber erhitzen.

2 | Die Zwiebeln würfeln und mit dem Öl im Topf sanft anschwitzen.

3 | Die Sellerie, die Karotten und den Lauch kleinschneiden und mit in den Topf geben. Die Chilischote und die Knoblauchzehen hacken und ebenfalls dazutun.

4 | Mit dem Weißwein ablöschen, die Lorbeerblätter hinzufügen und mit Salz und Pfeffer würzen. Den Fond dazugeben und zum Kochen bringen. Mit geschlossenem Deckel für ca. 30 Minuten köcheln lassen.

5 | In der Zwischenzeit die Fischfilets waschen und in mundgerechte Stücke schneiden. Die Muscheln und Scampi ebenfalls waschen und bereithalten.

6 | Den Deckel herunternehmen und die Fischstücke, Scampi und Muscheln in die Suppe geben. Die gewaschene Zitrone vierteln und mit in die Suppe geben, ebenso die grob gehackte Petersilie. Vorsichtig umrühren und für ein paar Minuten ziehen lassen, bis Fisch und Meeresfrüchte gar sind. Heiß mit Brot und Aioli servieren.

ACHTUNG: Muscheln, die nach dem Kochen noch geschlossen sind, sollten entfernt und keinesfalls gegessen werden.

Graupensuppe

Zutaten für Petromax ft9 | Briketts (9/15)

- 500 g Rinderbrust (Suppenfleisch)
- 2 l Gemüsefond oder Wasser
- 200 g Zwiebeln
- Salz und Pfeffer
- 2 Lorbeerblätter
- 200 g Sellerieknolle
- 200 g Karotten
- 200 g Lauch
- 500 g Kartoffeln
- 150 g Perlgraupen
- ½ Bund Petersilie

Zubereitung

1 | Das Fleisch und den Fond in den Dutch Oven geben, das Fleisch sollte dabei komplett bedeckt sein.

2 | Die Zwiebeln in grobe Würfel schneiden und mit in den Topf geben. Mit Salz und Pfeffer würzen und den Lorbeer dazugeben.

3 | Den Deckel schließen und den Dutch Oven mit 9 Briketts darunter und 15 Briketts auf dem Deckel befeuern. Ca. 2 Stunden köcheln lassen, bis das Fleisch zart und weich ist. In der Zwischenzeit das übrige Gemüse in mundgerechte Stücke schneiden.

4 | Das Fleisch aus dem Fond nehmen und leicht abkühlen lassen, die Flüssigkeit durch ein feines Sieb gießen und wieder zurück in den Dutch Oven geben. Jetzt das geschnittene Gemüse und die Perlgraupen in den Fond geben und mit geschlossenem Deckel und 9/15 Briketts zum Köcheln bringen. 30–45 Minuten köcheln, bis das Gemüse und die Graupen gar sind, eventuell Wasser nachgießen.

5 | In der Zwischenzeit das Fleisch in Stücke schneiden, außerdem die Petersilie hacken. Fleisch und Petersilie mit in die Suppe geben, nochmals abschmecken und für weitere 5 Minute sanft köcheln lassen.

Gulasch

Zutaten für Petromax ft9 | Briketts (9/15)

1000 g durchwachsenes Rindfleisch (z. B. Hals, Wade oder Oberschale)

2 EL Öl

1000 g Zwiebeln

4 Knoblauchzehen

1 Chilischote

3 EL Paprikapulver, scharf

2 EL Paprikapulver, edelsüß

Salz und Pfeffer

2 EL Tomatenmark

1 EL Mehl

100 ml Rotwein

500 ml Fleischbrühe

500 g passierte Tomaten

1 Lorbeerblatt

Zubereitung

1 | Die Briketts vorbereiten und den Dutch Oven damit vorheizen.

2 | Das Fleisch in beliebig große Stücke schneiden, wobei ich größere Stücke bevorzuge, einige davon zerfallen beim Garen eh von allein.

3 | Das Öl in den Dutch Oven geben und das Fleisch kräftig darin anrösten, dabei immer nur so viel Fleisch in den Topf geben, bis der Boden bedeckt ist, also besser portionsweise arbeiten. In der Zwischenzeit die Zwiebeln schälen und in Würfel schneiden.

4 | Nach dem Anbraten das Fleisch aus dem Dutch Oven nehmen und zur Seite stellen. Jetzt die Zwiebeln im Topf anrösten, den Knoblauch und Chilischote fein hacken und dazugeben. Nach ein paar Minuten kommen das Paprikapulver, Salz, Pfeffer, das Tomatenmark und das Mehl hinzu. Alles gut vermischen und unter ständigem Rühren mehrere Minuten lang anrösten, dann erst mit dem Wein und danach mit der Brühe ablöschen.

5 | Die passierten Tomaten und das Fleisch hinzufügen, außerdem das Lorbeerblatt. Den Deckel schließen und mit 9 Briketts unter dem Topf, und 15 Briketts auf dem Deckel ca. 2 Stunden köcheln lassen, bis das Fleisch weich und zart ist. Durch Zwiebeln, Tomatenmark und Mehl sollte die Sauce bereits schön gebunden sein, falls nicht, helfen ein bisschen Speisestärke und ein Mixstab. Das Gulasch am besten mit Kartoffeln oder saftigen Knödeln servieren.

Gumbo

Zutaten für Petromax ft9 | Briketts (9/15)

- 50 ml neutrales Öl
- 3 EL Mehl (Type 405)
- 200 g grüne Paprika
- 200 g Zwiebeln
- 200 g Stangensellerie
- 1 Knoblauchzehe
- 1 l Gemüsefond
- 500 g Zucchini oder Okraschoten
- 1 Chilischote
- 2 EL Cajun-Rub
- 300 g Kabanossi
- 300 g Garnelen oder Flusskrebsschwänze
- ½ Bund Petersilie

Zubereitung

1 | Die Briketts vorbereiten und den Dutch Oven darüber erhitzen. Dann das Öl und das Mehl in den Topf geben und langsam anrösten. Diese Mehlschwitze, auch Roux genannt, gilt als die Seele des Gerichts, also sollte man sich viel Zeit nehmen, um alles unter ständigem Rühren sanft und langsam zu bräunen, das kann durchaus 15–30 Minuten dauern.

2 | In der Zwischenzeit die Paprika putzen und diese sowie die Zwiebeln, den Sellerie und den Knoblauch würfeln. Wenn die Roux den gewünschten Bräunungsgrad hat (mittelbraun ist perfekt), kommt das geschnittene Gemüse mit in den Dutch Oven und wird kräftig darin angeröstet.

3 | Mit dem Fond ablöschen sowie die kleingeschnittenen Zucchini und die gehackte Chilischote mit dem Cajun-Rub hinzufügen. Den Deckel auflegen und sanft für ca. 1 Stunde köcheln lassen, dazu 9 Briketts unter und 15 Briketts auf dem Topf platzieren, zwischendurch mehrmals umrühren und die Flüssigkeit kontrollieren, gegebenenfalls etwas Wasser aufgießen.

4 | Die Kabanossi in Scheiben schneiden und nach der Stunde Garzeit dazugeben. 10 Minuten weiter köcheln lassen, dann die Garnelen hinzufügen und nochmal für 5 Minuten köcheln. Die gehackte Petersilie in den Dutch Oven geben, abschmecken und mit etwas Reis servieren.

Normalerweise wird ein Gumbo mit Okraschoten zubereitet und dadurch gebunden, allerdings sind frische Okras nicht leicht zu bekommen, also habe ich als Ersatz die Zucchini gewählt, damit funktioniert es sehr gut und es passt vom Geschmack und der Konsistenz.

Cajun-Rub

- 5 EL grobes Meersalz
- 3 EL geschroteter schwarzer Pfeffer
- 2 EL Zwiebelgranulat
- 2 EL brauner Zucker
- 2 EL Thymian, getrocknet
- 1 EL Knoblauchgranulat
- 1 EL Cayennepfeffer

Karotteneintopf

Zutaten für Petromax ft9 | Briketts (9/15)

2 Zwiebeln
100 g gewürfelter Bauchspeck
2 EL Öl
1 kg Karotten
500 g Kartoffeln
200 g Sellerieknolle
1 Stange Lauch
1 ½ l Gemüsebrühe
1 EL Salz
1 TL Pfeffer
1 EL Liebstöckel
2 Lorbeerblätter
6 geräucherte Mettenden

Zubereitung

1 | Die Briketts vorbereiten und den Dutch Oven darauf erhitzen.

2 | Die Zwiebeln würfeln und mit dem Speck und etwas Öl im Topf anschwitzen.

3 | Die Karotten, die Kartoffeln und den Sellerie schälen und in Stücke schneiden, ob grob oder fein sei euch selbst überlassen.

4 | Den Lauch putzen und in feine Ringe schneiden. Das gesamte Gemüse anschließend mit in den Dutch Oven geben und mit der Brühe aufgießen.

5 | Das Salz, den Pfeffer, den Liebstöckel und die Lorbeerblätter hinzufügen, gut umrühren und den Deckel schließen. Mit 9 Brikett unter dem Topf und 15 Briketts auf dem Deckel für ca. 1 Stunde köcheln lassen.

6 | Die Mettenden in Scheiben schneiden und nach der Stunde dazugeben, gegebenenfalls Flüssigkeit nachgießen. Für weitere 15 Minuten bei geschlossenem Deckel garen, dann abschmecken und servieren.

Käsesuppe mit Hackfleisch

Zutaten für Petromax ft6 | Unterhitze reicht hier aus, 15 Briketts

- 2 Zwiebeln
- 1 Knoblauchzehe
- 1 Chilischote
- 200 g Baconwürfel
- Öl
- 1 kg Hackfleisch gemischt
- 5 Stangen Lauch
- 1 ½ l Gemüsebrühe
- 400 g Schmelzkäse
- 400 g Schmelzkäse mit Kräutern
- 250 g Crème fraîche
- 250 g Cheddar, gerieben
- 200 g Frischkäse
- Salz und Pfeffer
- Muskatnuss

Zubereitung

1 | Die Briketts vorbereiten und den Dutch Oven darüber erhitzen.

2 | Die Zwiebeln, den Knoblauch und die Chili kleinschneiden und zusammen mit dem Bacon und etwas Öl im heißen Topf anbraten.

3 | Das Hackfleisch mit in den Dutch Oven geben und ebenfalls anrösten.

4 | Den Lauch in feine Ringe schneiden und dazugeben, nur kurz anrösten und mit der Brühe aufgießen. Bei geschlossenem Deckel 15 Minuten köcheln lassen.

5 | Die restlichen Zutaten hinzufügen und nochmal 15 Minuten köcheln. Vor dem Servieren kräftig abschmecken und mit frischem Baguette servieren.

Kürbissuppe

Zutaten für Petromax ft9 | Briketts (9/15)

Zutaten für 6-8 Personen:

2 Karotten

2 Zwiebeln

2 Knoblauchzehen

1 EL Ingwer

1 Chilischote

4 EL Öl

2 EL Currypulver

1 l Gemüsebrühe

1 ½ kg Kürbis, (z. B. Hokkaido, ungeschält oder Butternut)

250 g Crème fraîche

Muskat

Salz und Pfeffer

Kürbiskernöl

Zubereitung

1 | Die Karotten, die Zwiebeln, den Knoblauch, den Ingwer und die Chilischote in kleine Stücke schneiden.

2 | Den Dutch Oven über der Glut erhitzen und das geschnittene Gemüse in dem Öl anrösten. Das Currypulver dazugeben, kurz mitrösten und dann mit der Gemüsebrühe ablöschen.

3 | Den Kürbis gegebenenfalls schälen, entkernen und in ca. 2 cm große Würfel schneiden. Mit in den Dutch Oven geben und gut umrühren. Anschließend den Deckel schließen und für ca. 1 Stunde sanft köcheln lassen. Dabei 9 Briketts unter dem Topf und 15 auf dem Deckel platzieren.

4 | Kurz vor dem Servieren die Crème fraîche hinzufügen und mit Muskat, Salz und Pfeffer abschmecken. Zum Anrichten etwas Kürbiskernöl darüberträufeln und einen Extralöffel Crème fraîche in die Mitte klecksen.

Tipp

Wer es gerne etwas feiner hat, kann die Suppe natürlich auch mit dem Mixstab pürieren oder durch ein Sieb streichen.

Linseneintopf

Zutaten für Petromax ft9 | Briketts (8/16)

Zutaten für ca. 8 Personen:

250 g Karotten	**2 l Gemüsefond**
250 g Knollensellerie	**600 g Kartoffeln**
150 g Bleichsellerie	**Salz und Pfeffer**
2 Zwiebeln	**2 EL Liebstöckel, gerebelt**
250 g Lauch	**3 Lorbeerblätter**
2 EL Butterschmalz	**1 kg vorgekochte Linsen**
1 Knoblauchzehe	**8 Bockwürstchen**
1 Chilischote	**½ Bund Petersilie**

Zubereitung

1 | Die Karotten, die beiden Sellerie, die Zwiebeln und den Lauch putzen und in ca. 1 cm große Würfel schneiden.

2 | Den Dutch Oven über den glühenden Briketts erhitzen und das geschnittene Gemüse mit dem Butterschmalz darin anschwitzen.

3 | Den Knoblauch und die Chilischote fein hacken und dazugeben. Nach ein paar Minuten mit dem Fond ablöschen und zum Köcheln bringen.

4 | In der Zwischenzeit die Kartoffeln schälen und in kleine Würfel schneiden. Anschließend mit in den Dutch Oven geben. Mit Salz, Pfeffer, dem Liebstöckel und den Lorbeerblättern würzen. Den Deckel schließen und mit 8 Briketts unter und 16 auf dem Deckel ca. 1 Stunde köcheln lassen.

5 | Anschließend die vorgekochten und abgegossenen Linsen dazugeben und für weitere 30 Minuten mit geschlossenem Deckel köcheln.

6 | Zum Schluss kommen die Würstchen für ca. 10 Minuten mit in den Dutch Oven. Nochmal abschmecken und mit etwas Petersilie servieren.

Mexikanischer Maiseintopf mit Rindfleisch

Zutaten für Petromax ft6 | Briketts (8/16)

Zutaten für 4-6 Personen:

- 900 g Rindfleisch (z. B. Hohe Rippe oder Bugstück)
- ca. 1 ½ l Wasser
- 500 g Zwiebeln
- 2 Knoblauchzehen
- 2 milde Chilischoten
- Salz und Pfeffer
- 2 Lorbeerblätter
- 2 Pimentkörner
- 3 Paprikaschoten grün, rot und gelb
- 500 g grüne breite Bohnen
- 800 g Mais aus der Dose
- 1–2 EL Haferflocken zum Andicken

Zubereitung

1 | Das Rindfleisch in mundgerechte Stücke schneiden und mit dem Wasser in den Dutch Oven geben, das Fleisch sollte dabei vom Wasser bedeckt sein.

2 | Den Dutch Oven über der Glut platzieren und das Wasser zum Kochen bringen. Das Rindfleisch mit geschlossenem Deckel und 8 Briketts unter dem Topf und 16 Briketts darauf, für ca. 45 Minuten köcheln lassen, zwischendurch den Schaum entfernen.

3 | In der Zwischenzeit die Zwiebeln in halbe Ringe schneiden und den Knoblauch und die Chilischoten grob hacken. Alles in den Dutch Oven geben, mit Salz, Pfeffer, den Lorbeerblättern und dem Piment würzen und alles für weitere 1 ½ Stunden sanft köcheln.

4 | Die Paprikaschoten und die Bohnen putzen und in Streifen schneiden, den Mais abgießen. Anschließend das Gemüse mit den Haferflocken (zum Andicken) ebenfalls in den Dutch Oven geben und für weitere 15 Minuten garen. Kräftig abschmecken und mit gerösteten Tortillas servieren.

Pfundstopf

Zutaten für Petromax ft12 | Briketts (10/16)

- 500 g geräucherter Schweinebauch
- 500 g Gulasch vom Schwein
- 500 g Gulasch vom Rind
- 500 g Hackfleisch (halb/halb)
- 500 g Kasseler
- 500 g Zwiebeln
- 500 g Paprikaschoten, bunt
- 500 g Champignons
- 500 g Kartoffeln
- 500 g gehackte Dosentomaten
- 200 ml Schlagsahne
- 5 Knoblauchzehen
- 3 Chilischoten, mild
- 1 EL Salz
- 1 EL Pfeffer
- 1 EL Paprikapulver, scharf

Zubereitung

1 | Die Zubereitung ist denkbar einfach. Das Fleisch und das Gemüse in mundgerechte Stücke schneiden, alle Zutaten in den Dutch Oven geben, würzen und für ca. 3–4 Stunden mit geschlossenem Deckel garen. Dazu die Briketts vorbereiten und 10 Briketts unter dem Topf und 16 Stück auf dem Deckel verteilen.

2 | Zwischendurch umrühren und gegebenenfalls Flüssigkeit nachgießen. Alternativ zum Schluss bei offenem Deckel überschüssige Flüssigkeit reduzieren. Vor dem Servieren nochmal kräftig abschmecken.

Der Pfundstop hat seinen Namen von der Menge der einzelnen Zutaten aus denen er besteht. Mehr oder weniger 1 Pfund pro Zutat kommt in den Topf. Er ist sehr beliebt für Partys oder Feste, einfach mit Brot serviert. Natürlich kann man das Rezept ganz seinem eigenen Geschmack entsprechend variieren.

Wurstgulasch

Zutaten für Petromax ft9 | Briketts (10/14)

1 kg Würstchen (z. B. frische Bratwurst, feine Grillwurst, Wildbratwurst oder Krakauer)

500 g Zwiebeln

2 rote Paprikaschoten

4 Knoblauchzehen

2 Chilischoten

3 EL Öl

Salz und Pfeffer

3 EL Paprikapulver, scharf

2 EL Tomatenmark

2 EL Mehl

500 ml Rinderfond

500 ml passierte Tomaten

2 Lorbeerblätter

2 Wacholderbeeren

20 g Schokolade (mind. 70 %)

Zubereitung

1 | Die Briketts vorbereiten und den Dutch Oven über der Glut erhitzen.

2 | In der Zwischenzeit die Würstchen in Scheiben schneiden, verschiedene Wurst-Varianten im Gulasch verbessern den Geschmack. Die Zwiebeln und die Paprika in Ringe schneiden. Den Knoblauch und die Chilischoten hacken.

3 | Das Öl im Dutch Oven erhitzen und die Wurstscheiben kräftig darin anbraten, am besten in 2 oder 3 Portionen. Die Wurstscheiben nach dem Anrösten aus dem Topf nehmen und beiseitestellen. Jetzt die Zwiebeln, den Knoblauch und die Chilis im heißen Öl anbraten. Mit Salz, Pfeffer und dem Paprikapulver würzen, das Tomatenmark und das Mehl dazugeben und alles kurz mitrösten. Dann mit dem Rinderfond ablöschen und die passierten Tomaten hinzufügen.

4 | Jetzt die Lorbeerblätter und die Wacholderbeeren in den Dutch Oven geben und alles gut miteinander vermengen. Die angebratenen Wurstscheiben dazugeben, umrühren und den Deckel auflegen. Den Dutch Oven mit 10 Briketts unter dem Topf und 14 Briketts auf dem Deckel befeuern. Ca. 1 Stunde köcheln lassen, dann die Lorbeerblätter entfernen, mit Salz und Pfeffer abschmecken und mit der Schokolade verfeinern. Direkt aus dem Topf servieren und etwas Brot dazu reichen.

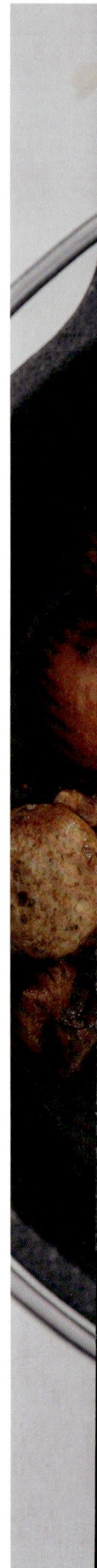

FLEISCH, FISCH UND MEERESFRÜCHTE

Cannelloni

Zutaten für Petromax ft 6 | Briketts (8/12)

ca. 1500 g Hackfleischsauce
(z. B. Ragù alla bolognese, Rezept S. 72)

200 g Cannelloni-Hülsen, ca. 60 mm lang

2 Kugeln Büffelmozzarella

50 g Parmesan

Olivenöl

Zubereitung

1 | Etwas von der Hackfleischsauce in den Dutch Oven geben, bis der Boden damit bedeckt ist.

2 | Die Cannelloni kurz in die Sauce tunken und senkrecht in den Dutch Oven stellen, bis dieser komplett gefüllt ist.

3 | Jetzt die Sauce in und über die Cannelloni gießen, bis diese gefüllt und reichlich von der Sauce bedeckt sind, denn die Nudeln nehmen viel Flüssigkeit auf, weshalb genug davon vorhanden sein muss.

4 | Den Mozzarella in Scheiben schneiden und gleichmäßig über die Cannelloni verteilen. Den Parmesan darüber reiben. Ein paar Spritzer Olivenöl runden das Ganze geschmacklich ab.

5 | Zum Garen den Deckel schließen und 8 glühende Briketts unter den Topf legen. 12 Briketts auf dem Deckel verteilen. Nach ca. 15 Minuten Topf und Deckel jeweils um 180 ° drehen, um die Cannelloni gleichmäßiger zu garen. Nach ca. 30 Minute sind sie fertig und können angerichtet werden. Wir stellen den Dutch Oven gerne einfach auf den Tisch und jeder bedient sich nach Belieben daraus.

Currywurst mit Pommes frites

Zutaten für Petromax ft9 | Briketts (6/9)

10 feine Bratwürste, gebrüht oder roh

Olivenöl

Für die Sauce:

1 kleine Zwiebel
1 Knoblauchzehe
1 Chilischote
2 EL Olivenöl
1 l Tomatenketchup
5 EL Currypulver
4 EL Paprikapulver, scharf
100 g brauner Zucker
30 ml Worcestersauce
2 TL Senf
Saft von einer Orange
Salz und Pfeffer

Zubereitung

1 | Die Briketts zum Glühen bringen und den Dutch Oven darüber erhitzen.

2 | Die Bratwürste mit etwas Öl im Dutch Oven anbraten und gegebenenfalls durchgaren (bei rohen Würsten), dann aus dem Topf nehmen und bereithalten. Natürlich können die Würste auch einfach gegrillt werden, falls ein Grill zur Hand ist.

3 | Für die Sauce die Zwiebel, den Knoblauch und die Chilischote sehr fein schneiden. In den Dutch Oven geben und mit etwas Öl anbraten. Jetzt können der Ketchup und die übrigen Zutaten mit hinein, alles gut miteinander vermengen und zum Kochen bringen.

4 | Für ca. 30 Minuten sanft köcheln, dabei immer wieder umrühren, gegebenenfalls etwas Wasser hinzugeben. Zum Schluss sollte die Sauce noch nach eigenem Geschmack nachgewürzt werden. Die Würstchen entweder mit etwas Sauce direkt servieren oder in Scheiben schneiden und in der Sauce bis zum Anrichten warmhalten.

Pommes frites

2 kg vorwiegend festkochende Kartoffeln

3 l Frittierfett

Salz

Zubereitung

1 | Die Kartoffeln schälen und gleichmäßig in ca. 1 x 1 cm dicke Stifte schneiden.

2 | Das Fett im Dutch Oven auf ca. 150 °C erhitzen.

3 | Die Pommes für ca. 15 Minuten bei gegebener Temperatur garen, rausnehmen und auf Küchenpapier gut abtropfen und ausdampfen lassen. Am besten in 2 Schritten arbeiten, damit die Temperatur im Topf nicht zu stark absinkt.

4 | Nach dem ersten Garvorgang die Temperatur auf ca. 180 °C erhöhen. Bei der Temperatur kommen die vorgegarten Pommes nochmal für 3–5 Minuten in das heiße Öl, je nach gewünschtem Bräunungsgrad. Zum Abtropfen in ein Sieb geben und mit etwas Salz würzen.

Empanadas

Zubereitung für Petromax ft9 | Unterhitze reicht hier aus, 20 Briketts

Für 12 Empanadas:

750 g Mehl
300 g Schmalz (Rind oder Schwein, wenn nicht vorhanden Butter)
1 EL Salz
1 Tasse lauwarmes Wasser

Für die Füllung:

100 g Rinderfett
1 große weiße Zwiebel
1 Paprika
1 Knoblauchzehe
500 g Hackfleisch
1 EL Pimenton de la Vera
1 TL Cumin
100 ml Bier
2 gekochte Eier
100 g grüne Oliven
1 Bund Frühlingszwiebeln
100 g Rosinen
3 l Frittierfett
Zitronen

Zubereitung

1 | Alle Zutaten für die Empanadas zu einem Teig vermengen. Der Teig sollte sehr seidig sein und nach dem Kneten erstmals 1–2 Stunden ruhen. Danach kleine Kugeln formen und dünn zu runden Scheiben ausrollen.

2 | Während der Teig ruht, 100 g Fett in einem Dutch Oven oder einer Gusseisenpfanne erhitzen. Die Zwiebel und die Paprika würfeln und in dem heißen Fett anbraten. Den Knoblauch hacken und dazugeben. Nach ein paar Minuten das Hackfleisch dazugeben, alles rundherum anbräunen und die Gewürze beifügen. Mit dem Bier ablöschen, dann einkochen und abschmecken. Vom Feuer nehmen und kalt werden lassen (geht auch gut über Nacht).

3 | Die Eier und die Oliven würfeln und die Frühlingszwiebeln in Ringe schneiden und mit den Rosinen zur Füllung geben. Alles gut miteinander vermengen und nochmals kräftig abschmecken.

4 | Jetzt können die Empanadas gefüllt werden. Dazu wird auf den ausgerollten Teig etwas Füllung gegeben, der Teig zusammengelegt und sorgfältig am Rand verschlossen. Für einen dekorativen Rand nimmt man immer etwas Teig zwischen zwei Finger und dreht diesen im Uhrzeigersinn um 180 °, so dass eine kleine Falte entsteht. So hangelt man sich, mit etwas Übung, an der Naht entlang.

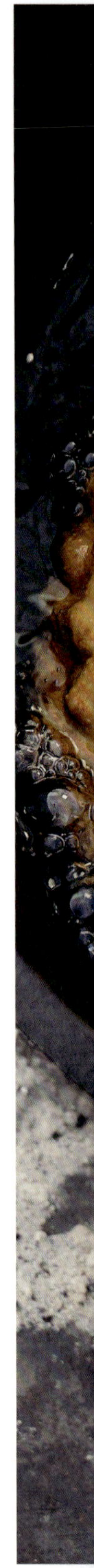

Das Rezept ist von meinem guten Freund Eliseo, einem waschechten Argentinier und Asadomeister (Fuegos del Norte).
Es ist absolut original und authentisch und ich war hingerissen von der Stimmung und dem Geschmack, als ich an einem Asado mit seiner Familie teilnehmen durfte, wo genau diese Empanadas zubereitet wurden.

5 | Das Frittierfett im Dutch Oven auf ca. 170 °C erhitzen und darin die Empanadas ein paar Minuten lang ausbacken, bis der Teig schön goldbraun und knusprig ist. Beim Essen etwas frischen Zitronensaft über die Empanadas gegeben, das sorgt für den authentischen Geschmack. Auch die Würzsauce Chimichurri passt sehr gut dazu.

Geschmorte Schweinebäckchen

Zutaten für Petromax ft9 | Briketts (9/15)

- **3 EL Öl**
- **8 Schweinebäckchen**
- **2 große Zwiebeln**
- **1 Bund Suppengemüse**
- **4 Knoblauchzehen**
- **2 Chilischoten**
- **2 EL Tomatenmark**
- **500 ml Schwarzbier**
- **Salz und Pfeffer**
- **1 EL Bohnenkraut**
- **500 g weiße Riesenbohnen, vorgekocht**

Zubereitung

1 | Die Briketts vorbereiten und den Dutch Oven darüber erhitzen.

2 | Das Öl in den Topf geben und die Bäckchen von allen Seiten kräftig darin anrösten.

3 | In der Zwischenzeit die Zwiebeln, das Gemüse, den Knoblauch und die Chilischoten in kleine Stücke schneiden.

4 | Die Bäckchen aus dem Dutch Oven nehmen und das geschnittene Gemüse darin anrösten. Das Tomatenmark dazugeben und kurz mitrösten. Dann mit dem Schwarzbier ablöschen und mit Salz, Pfeffer und Bohnenkraut würzen.

5 | Die Bäckchen wieder in den Dutch Oven geben und den Deckel auflegen. Für 2 Stunden mit 9 Briketts unter dem Topf und 15 Briketts auf dem Deckel sanft schmoren.

6 | Anschließend kommen die vorgekochten Bohnen mit in den Topf. Falls zu wenig Flüssigkeit vorhanden ist, sollte mit etwas Wasser oder Gemüsebrühe aufgegossen werden. Für weitere 60 Minuten mit geschlossenem Deckel garen.

7 | Die Bäckchen sollten am Ende zart und weich sein, falls nicht, einfach weitere 30 Minuten garen. Vor dem Servieren nochmal kräftig abschmecken.

Green Chicken Chili

Zutaten für Petromax ft9 | Briketts (9/15)

- 1 kg ausgelöste Hühnerkeulen ohne Haut
- 3 EL BBQ-Rub für Huhn
- 3 EL Öl
- 2 Zwiebeln
- 2 Knoblauchzehen
- 1 scharfe Chilischote
- 1 Liter Hühnerfond
- 4 grüne Paprikaschoten
- 400 g Frischkäse
- 500 g grüne Bohnen, vorgekocht
- 500 g weiße Bohnen, vorgekocht
- ½ Bund Petersilie
- ½ Bund Koriander
- 1 Bund Lauchzwiebeln
- 200 g Cheddar, gerieben
- 250 ml Sahne
- Salz und Pfeffer

Zubereitung

1 | Das Hühnerfleisch in kleine Stücke schneiden und mit dem BBQ-Rub würzen. Die Briketts zum Glühen bringen und den Dutch Oven damit vorheizen.

2 | Das Öl in den Topf geben und das Fleisch von allen Seiten kräftig anbraten. Die Zwiebeln, den Knoblauch und die Chilischote hacken und mit hineingeben. Mit dem Fond ablöschen und dann alles zum Kochen bringen.

3 | Die Paprikaschoten in Streifen schneiden und dazugeben. Mit geschlossenem Deckel ca. 10 Minuten köcheln lassen. Dafür unter dem Topf 9 und auf dem Deckel 15 Briketts platzieren.

4 | Nun den Frischkäse und die Bohnen dazugeben, alles gut umrühren und weitere 5 Minuten köcheln lassen. In der Zwischenzeit die Kräuter grob hacken.

5 | Die Lauchzwiebeln in Ringe schneiden und zusammen mit den restlichen Zutaten in den Dutch Oven geben, den Deckel schließen und 5 Minuten fertig garen. Mit Salz, Pfeffer und BBQ-Rub abschmecken und mit etwas Brot oder Tortillas servieren.

Hühnertopf mit Mango

Zutaten für Petromax ft9 | Briketts (9/15)

Zutaten für 8 Personen:

800 g Hühnerbrust	**250 g Champignons**
Olivenöl	**1 l Hühnerfond**
2 Zwiebeln	**200 g Langkornreis**
2 Knoblauchzehen	**1 Mango**
2 Stangen Bleichsellerie	**½ TL Cumin**
1 Stange Lauch	**Salz und Pfeffer**
4 Chilischoten	**1 Limette**

Zubereitung

1 | Die Briketts vorbereiten und den Dutch Oven darauf vorheizen.

2 | Das Hühnerfleisch in mundgerechte Stücke schneiden und mit etwas Öl im Topf von allen Seiten kräftig anrösten.

3 | In der Zwischenzeit die Zwiebeln, den Knoblauch, den Sellerie, den Lauch und die Chilischoten kleineschneiden.

4 | Das Fleisch aus dem Dutch Oven nehmen und beiseitestellen. Anschließend das geschnittene Gemüse in das heiße Fett geben und anbraten.

5 | Die Champignons vierteln und dazugeben, mit dem Fond aufgießen.

6 | Den Reis hinzufügen, gut umrühren und mit geschlossenem Deckel ca. 20 Minuten köcheln lassen. Dafür 9 Briketts unter und 15 auf dem Deckel des Topfes platzieren.

7 | Anschließend das Fleisch wieder mit in den Dutch Oven geben, außerdem die geschälte und in Stücke geschnittene Mango, eventuell etwas Wasser nachgießen. Mit den Gewürzen und etwas Limettensaft abschmecken und mit geschlossenem Deckel 5 Minuten ziehen lassen.

Kasseler mit Sauerkraut

Zutaten für Petromax ft12 | Briketts (11/17)

- 2 große Zwiebeln
- 50 g Schmalz
- 250 g gewürfelter Bauchspeck
- 2 kg Sauerkraut
- 500 ml Apfelsaft
- 500 ml Gemüsefond
- Salz und Pfeffer
- 2 Lorbeerblätter
- 4 Pimentkörner
- 1 EL Kümmel
- 1 kg Kasseler/Schweinenacken in Scheiben

Zubereitung

1 | Die Briketts vorbereiten und den Dutch Oven über der Glut erhitzen.

2 | Die Zwiebeln würfeln und mit dem Schmalz und dem Bauchspeck im heißen Dutch Oven anrösten. Währenddessen das Sauerkraut unter klarem Wasser abwaschen und mit in den Topf geben. Gut umrühren und leicht anrösten.

3 | Den Saft und den Fond hinzufügen und mit Salz und Pfeffer würzen. Anschließend die Lorbeerblätter, den Piment und den Kümmel dazugeben. Bei geschlossenem Deckel ca. 1 Stunde sanft köcheln lassen, dazu 11 Briketts unter dem Topf und 17 auf dem Deckel verteilen.

4 | Nach der Stunde umrühren, gegebenenfalls Flüssigkeit nachgießen und den Kasseler auflegen. Deckel wieder schließen und für weitere 20–30 Minuten garen, je nach Dicke der Scheiben. Abschließend noch einmal abschmecken und servieren.

Knoblauchhähnchen

Zutaten für Petromax ft6 | Briketts (10/15)

Zutaten für 4 Personen:

- **2 Zwiebeln**
- **40 Knoblauchzehen**
- **3 EL Olivenöl**
- **3 Chilischoten**
- **1 Bio-Zitrone**
- **200 ml Hühnerfond**
- **8 Hähnchenschenkel**
- **BBQ-Rub für Hähnchen**
- **200 ml Mayonnaise**

Zubereitung

1 | Den Dutch Oven über den Briketts erhitzen.

2 | Die Zwiebeln in halbe Ringe schneiden und mit den geschälten Knoblauchzehen und dem Olivenöl in den Dutch Oven geben.

3 | Die Chilischoten von Stiel und Kernen befreien und kleinschneiden. Die Zitrone gründlich waschen und in Viertel schneiden, alles in den Dutch Oven geben und gut miteinander vermengen. Anschließend den Hühnerfond aufgießen.

4 | Nun die Hähnchenschenkel von allen Seiten mit dem Rub würzen und auf das Gemüse legen. Den Deckel schließen und 10 Briketts unter dem Dutch Oven und 15 auf dem Deckel verteilen. Für 45–60 Minuten köcheln lassen, zwischendurch die Flüssigkeit kontrollieren, gegebenenfalls etwas Wasser aufgießen.

5 | Zum Servieren ca. 20 Knoblauchzehen aus dem Dutch Oven nehmen und mit der Mayonnaise zu einer Creme verarbeiten. Zu den Hähnchen und dem Gemüse anrichten, schmeckt sehr gut mit etwas Baguette.

BBQ-Rub für Hähnchen:

- **5 EL Paprikapulver, edelsüß**
- **3 EL Salz**
- **2 EL schwarzer Pfeffer, frisch gemahlen**
- **2 EL Zwiebelpulver**
- **2 EL Knoblauchpulver**
- **1 EL Oregano, getrocknet**
- **1 EL Thymian, getrocknet**
- **1 EL Cayennepfeffer**

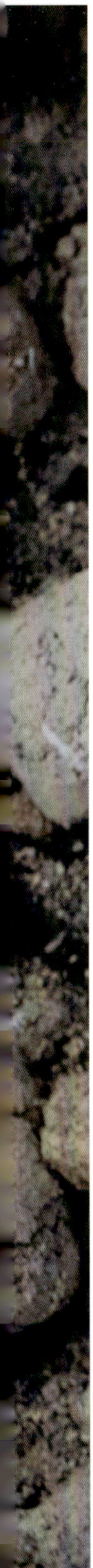

Lammhaxen

Zutaten für Petromax ft9 | Briketts (10/15)

Rezept für 6 Personen:

600 g Schalotten

6 Knoblauchzehen

2 Chilischoten

2 EL Tomatenmark

300 ml kräftiger Rotwein

300 ml Lammfond

200 g passierte Tomaten

50 ml Balsamicoessig

3 Zweige Rosmarin

3 Zweige Thymian

3 Lorbeerblätter

6 Lammhaxen

Salz und Pfeffer

30 g Schokolade (70 %)

Zubereitung

1 | Die Schalotten und den Knoblauch schälen und im Ganzen mit den restlichen Zutaten, außer den Lammhaxen und der Schokolade, in den Dutch Oven geben. Alles gut miteinander vermischen.

2 | Die Lammhaxen mit Salz und Pfeffer würzen und auf das Gemüse legen. Deckel schließen und alles mit 10 Briketts unter dem Topf und 15 Briketts auf dem Deckel für ca. 2 ½ Stunden köcheln lassen, zwischendurch die Flüssigkeit kontrollieren und gegebenenfalls etwas Wasser nachgießen.

3 | Anschließend die Haxen aus dem Dutch Oven nehmen und die Sauce mit der Schokolade verfeinern.

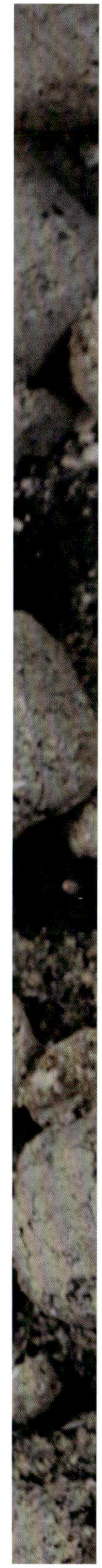

Kohlrouladen

Zutaten für Petromax ft9 | Briketts (9/15)

Zutaten für 8 Personen:

Rouladen:

1 Wirsingkohl (Weißkohl geht auch)
1 Brötchen vom Vortag
200 ml Milch
800 g Hackfleisch (halb/halb)
1 Ei
2 EL scharfer Senf
2 EL Paprikapulver, scharf
Salz und Pfeffer
2 Zwiebeln
2 Knoblauchzehen
1 Chilischote
3 EL Öl

Sauce:

1 Zwiebel
100 g Sellerieknolle
100 g Karotten
1 EL Mehl
1 EL Tomatenmark
800 ml Rinderfond

Außerdem:

Küchengarn

Zubereitung

1 | Für die Roladen die äußeren 12 Blätter vom Kohl abschneiden und in kochendem Wasser blanchieren, bis sie weich und geschmeidig sind. Aus dem Wasser nehmen und trockentupfen.

2 | Das Brötchen in der Milch einlegen und anschließend ausdrücken.

3 | Das Hackfleisch mit dem Ei, dem Brötchen, dem Senf, dem Paprikapulver und etwas Salz und Pfeffer in eine Schüssel geben. Die Zwiebeln, den Knoblauch und die Chilischote fein hacken, mit in die Schüssel geben und alles gut miteinander vermengen. Daraus 6 gleichmäßige Portionen formen.

4 | Jeweils 2 Blätter Kohl leicht versetzt übereinanderlegen. Eine Portion Hackfleischmasse darauf geben, den Kohl aufrollen und zu einer schönen Roulade formen. Mit Küchengarn kreuzweise binden.

5 | Den Dutch Oven über der Glut erhitzen und die Rouladen mit etwas Öl von allen Seiten kräftig darin anbraten, dann herausnehmen und beiseitestellen.

6 | Für die Sauce zunächst die Zwiebel, den Sellerie und die Karotten fein würfeln und in dem heißen Öl im Dutch Oven anrösten.

7 | Das Mehl und das Tomatenmark hinzufügen und mitrösten, dann mit dem Fond ablöschen. Die angebratenen Rouladen auf das Gemüse legen und mit geschlossenem Deckel ca. 1 Stunde köcheln lassen, zwischendurch gegebenenfalls Flüssigkeit nachgießen.

8 | Zuletzt die Rouladen aus dem Dutch Oven nehmen und die Sauce mit einem Pürierstab durchmixen. Sauce abschmecken und die Rouladen bis zum Servieren darin warmhalten.

Königsberger Klopse

Zutaten für Petromax ft6 | Unterhitze reicht hier aus, ca. 15 Briketts

- 1 Brötchen vom Vortag
- 250 ml Milch
- 800 g Hackfleisch (Kalb oder halb Schwein/halb Rind)
- 2 Zwiebeln
- 2 Sardellenfilets
- 1 Ei
- Salz und Pfeffer
- 2 l Wasser oder Gemüsefond
- 2 Lorbeerblätter
- 50 g Butter
- 60 g Mehl
- 200 g Schlagsahne
- 50 g Kapern (Glas)
- ½ Zitrone
- 1 Prise Zucker
- Petersilie

Zubereitung

1 | Das Brötchen für ca. 15 Minuten in der Milch einweichen, dann ausdrücken und zum Hackfleisch geben.

2 | Eine der Zwiebeln fein würfeln, die Sardellenfilets fein hacken, mit dem Ei und etwas Salz und Pfeffer dem Hack hinzufügen. Alles gut miteinander vermengen und zu kleinen Klopsen formen.

3 | Den Fond mit der in Viertel geschnittenen zweiten Zwiebel, den Lorbeerblättern und etwas Salz und Pfeffer im Dutch Oven über der Glut erhitzen, der Fond sollte sanft köcheln. Die Klopse darin für ca. 15–20 Minuten sieden lassen, dann herausnehmen. Die Flüssigkeit durch ein feines Sieb geben und in einer Schüssel auffangen.

4 | Den Dutch Oven wieder auf die Glut stellen und die Butter darin erhitzen. Anschließend das Mehl hineingeben und goldgelb anschwitzen, mit dem Fond aufgießen und 5 Minuten köcheln lassen.

5 | Die Sahne und die Kapern mit etwas Sud dazugeben.

6 | Mit Zitronensaft, Salz, Pfeffer und Zucker abschmecken und die Klopse in der Sauce nochmals erhitzen. Mit Salzkartoffeln servieren und mit Petersilie verfeinern.

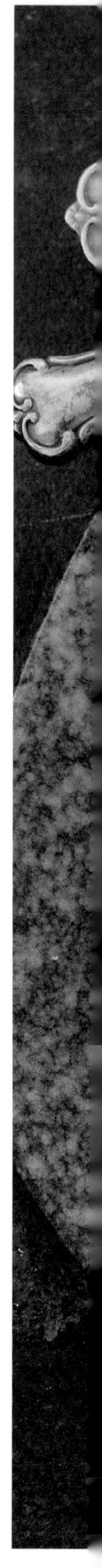

Meatballs

Zutaten für Petromax ft4,5 | Briketts (6/9)

Zutaten für 4–6 Personen:

800 g Hackfleisch vom Schwein	**2 Chilischoten**
400 g Hackfleisch vom Rind	**2 Knoblauchzehen**
1 Ei	**3 EL Olivenöl**
1 EL scharfer Senf	**500 ml passierte Tomaten**
Salz und Pfeffer	**Zucker**
2 EL Paprikapulver, scharf	**½ Bund Basilikum**
2 Zwiebeln	**2 Kugeln Mozzarella**

Zubereitung

1 | Das gesamte Hackfleisch mit dem Ei und dem Senf in eine Schüssel geben. Mit Salz, Pfeffer und Paprikapulver würzen und alles gut miteinander vermengen. Anschließend daraus 12 gleichmäßig große Kugeln formen.

2 | Den Dutch Oven über der Glut erhitzen. Währenddessen die Zwiebeln in kleine Würfel schneiden und die Chilischoten und den Knoblauch fein hacken.

3 | Das Olivenöl in den heißen Topf geben und die Meatballs rundherum darin anrösten. Aus dem Dutch Oven nehmen und beiseitestellen.

4 | In dem heißen Öl die Zwiebeln, den Knoblauch und die Chilischoten anbraten. Mit den passierten Tomaten aufgießen und 15 Minuten lang sanft köcheln lassen.

5 | Mit Salz, Pfeffer und etwas Zucker abschmecken, den gehackten Basilikum und die Meatballs dazugeben und alles bei geschlossenem Deckel mit 6 Briketts unter und 9 auf dem Deckel des Topfes ca. 30 Minuten lang garen.

6 | Den Mozzarella in 12 Scheiben schneiden, jeweils eine davon auf einen Meatball legen und für ca. 5 Minuten überbacken, dazu alle Briketts auf den Deckel legen. Heiß mit etwas frischem Basilikum servieren. Dazu passen sehr gut Spaghetti oder Reis – oder auch einfach etwas frisches Baguette.

Muscheln in Sud

Zutaten für Petromax ft9 | Unterhitze reicht hier aus, 20 Briketts

Zutaten für 4 Personen:

- **3 EL Olivenöl**
- **2 EL Butter**
- **1 Bund Suppengemüse**
- **2 Zwiebeln**
- **2 Knoblauchzehen**
- **1 Chilischote**
- **500 ml Weißwein, trocken**
- **2 Lorbeerblätter**
- **Salz und Pfeffer**
- **2 kg Miesmuscheln**
- **etwas frische Petersilie**

Zubereitung

1 | Die Briketts vorbereiten und den Dutch Oven darüber erhitzen. Anschließend das Öl und die Butter darin erwärmen.

2 | Das Suppengemüse fein würfeln, die Zwiebeln, den Knoblauch und die Chilischote hacken und alles im Dutch Oven glasig anschwitzen.

3 | Ca. 100 ml Wein und die Lorbeerblätter dazugeben, mit Salz und Pfeffer würzen und alles für ca. 5 Minuten kochen und reduzieren.

4 | Jetzt den Rest des Weins und die Muscheln hinzufügen, Deckel schließen und für ca. 10 Minuten köcheln. Die Muscheln mit etwas Sud anrichten und mit Petersilie zum Bestreuen und frischem Baguette servieren.

ACHTUNG: Muscheln, die nach dem Kochen noch geschlossen sind, müssen dabei aussortiert und dürfen nicht verzehrt werden.

Ribs

Zutaten für Petromax ft9 | Briketts (10/10)

4–5 Lagen Baby Back Ribs

8–10 EL BBQ-Rub

1 große Zwiebel

2 Knoblauchzehen

2 Chilischoten

500 ml Apfelsaft

200 ml BBQ-Sauce

100 ml Honig

Zubereitung

1 | Die Ribs von der Silberhaut befreien und überschüssiges Fett entfernen. Von beiden Seiten mit dem BBQ-Rub würzen und kreisförmig in den Dutch Oven stellen.

2 | Die Zwiebel, den Knoblauch und die Chilischoten fein schneiden und mit den übrigen Zutaten vermischen. Alles gleichmäßig über die Ribs gießen. Den Deckel auflegen und mit jeweils 10 Briketts auf dem Deckel und unter dem Topf befeuern.

3 | Ca. 90 Minuten garen, zwischendurch den Dutch Oven und den Deckel um 90 ° drehen und gegebenenfalls etwas Flüssigkeit (Wasser oder Apfelsaft) nachgießen. Wenn die Ribs nach den 90 Minuten noch nicht weich genug sind, den Deckel wieder schließen und für weitere 30 Minuten garen.

4 | Zum Schluss die Ribs aus dem Dutch Oven nehmen, die Sauce pürieren und die Ribs damit glasieren oder einfach zum Dippen dazureichen.

Paprika-Hähnchen

Zutaten für Petromax ft9 | Briketts (9/15)

1 k ausgelöste Hähnchenschenkel ohne Haut

3 EL BBQ-Rub für Hähnchen (Rezept siehe S. 58)

Öl

100 g Zwiebeln

2 Knoblauchzehen

1 Chilischote

2 EL Paprikamark

500 ml Hühnerfond

500 g rote Spitzpaprika

1 Bund Frühlingszwiebeln

250 g Frischkäse

250 ml Sahne

Salz und Pfeffer

Zubereitung

1 | Ausreichend Briketts zum Glühen bringen und den Dutch Oven darüber erhitzen.

2 | Das Hähnchenfleisch in mundgerechte Stücke schneiden und mit dem BBQ-Rub würzen. Im Dutch Oven mit etwas Öl scharf anbraten.

3 | In der Zwischenzeit die Zwiebeln, den Knoblauch und die Chilischote kleinschneiden. Zum Hähnchen geben und ebenfalls anrösten.

4 | Das Paprikamark dazugeben und mit dem Fond ablöschen, gut umrühren und für ein paar Minuten köcheln lassen.

5 | Die Paprika und die Frühlingszwiebeln in Ringe schneiden und mit in den Dutch Oven geben. Den Frischkäse hinzufügen und gut unterrühren. Anschließend den Deckel auflegen und den Topf mit 9 Briketts darunter und 15 Briketts darauf befeuern. Für ca. 20 Minuten köcheln lassen.

6 | Den Dutch Oven dann vom Feuer nehmen, die Sahne dazugeben und noch einmal mit Salz und Pfeffer abschmecken, dann kann serviert werden.

Pulled Pork

Zutaten für Petromax ft9 | Briketts (8/8)

1 Schweinenacken, 2 ½–3 kg

50 ml Chipotle Chilisauce

3 EL BBQ-Rub

2 EL geräuchertes Paprikapulver

500 g Zwiebeln

150 ml BBQ-Sauce (Texas Style)

Zubereitung

1 | Den Schweinenacken mit der Chilisauce einreiben.

2 | Den BBQ-Rub und das Paprikapulver vermischen und den Nacken gleichmäßig rundherum damit würzen. Abgedeckt im Kühlschrank 4 Stunden marinieren.

3 | Die Zwiebeln in dicke Scheiben schneiden und im Dutch Oven verteilen. Anschließend den Nacken auf die Zwiebeln legen.

4 | Den Deckel schließen und jeweils 8 Briketts unter dem Dutch Oven, bzw. auf dem Deckel verteilen. Nach ca. 4 Stunden Garzeit sollte das Fleisch butterweich und zart sein. Der Stil eines Holzlöffels dringt dann ohne Widerstand in das Fleisch ein, die Kerntemperatur liegt bei ca. 93–95 °C. Die Garzeit variiert hier sehr stark, also ruhig zwischendurch prüfen, ob es bereits vorher fertig ist.

5 | Vor dem Zupfen und Servieren die BBQ-Sauce über den Nacken geben und alles für ca. 1 Stunde bei geringer Wärmezufuhr (3–4 Briketts unter dem Dutch Oven) ruhen lassen.

6 | Anschließend kann das Fleisch ganz leicht mit 2 Gabeln oder speziellen PP-Krallen auseinandergezogen und zerteilt werden. Zum Anrichten kann man die geschmorten Zwiebeln und die im Dutch Oven gesammelte Flüssigkeit untermischen. Das Fleisch ist nun schön saftig und würzig und serviert mit etwas Cole Slaw in einem Taco ein absoluter Hochgenuss.

Ragù alla bolognese

Zutaten für Petromax ft4,5 | Briketts (6/9)

- 100 g Pancetta
- 100 g Zwiebeln
- 100 g Karotten
- 50 g Staudensellerie
- 50 g Knollensellerie
- 3 Knoblauchzehen
- 1 Chilischote
- 3 Knoblauchzehen
- 50 ml Olivenöl
- 30 g Butter
- 500 g Hackfleisch vom Rind
- 250 ml kräftiger Rotwein
- 500 g gehackte Dosentomaten
- 200 ml Gemüsebrühe
- Salz und Pfeffer
- frisches Basilikum oder Petersilie
- eventuell noch etwas Wasser oder Gemüsebrühe zum Nachgießen

Zubereitung

1 | Die benötigten Briketts in einem Anzündkamin vorbereiten.

2 | In der Zwischenzeit den Pancetta und das Gemüse fein würfeln.

3 | Die glühenden Briketts unter dem Dutch Oven verteilen und den Pancetta im heißen Topf anbraten. Das Olivenöl, die Butter und das Gemüse dazugeben und alles kräftig im Topf anschwitzen.

4 | Nach ein paar Minuten kann das Rinderhack dazu, welches ebenfalls kräftig mitgeröstet wird. Wenn Fleisch und Gemüse schöne Röststoffe gebildet haben, das Ganze mit dem Rotwein ablöschen und alles gut einkochen lassen, bis der Wein zur Hälfte verdunstet ist.

5 | Anschließend die gehackten Tomaten und 200 ml Gemüsebrühe hinzufügen, mit Salz und Pfeffer würzen und gut umrühren. Den Deckel auflegen und die Briketts verteilen: 6 unter den Topf und 9 gleichmäßig auf dem Deckel. Danach 2–3 Stunden sanft schmoren lassen, zwischendurch umrühren und gegebenenfalls etwas Flüssigkeit nachgießen. Kurz vor dem Servieren Basilikum oder Petersilie dazugeben, da diese Kräuter keine lange Garzeit verkraften. Angerichtet haben wir das Ragù alla bolognese mit Spaghetti und dem unvermeidlichen Parmigiano Reggiano.

Rehkeule

Zutaten für Petromax ft9 | Briketts (9/15)

- 1 Rehkeule, ausgelöst (mit Knochen geht natürlich auch, die Keule muss nur komplett in den Dutch Oven passen)
- 2 EL scharfer Senf
- 3 EL Wild-Gewürzmischung
- 200 g Zwiebeln
- 200 g Karotten
- 100 g Sellerieknolle
- 3 Knoblauchzehen
- 1 Chilischote
- 3 EL Öl
- 2 EL Tomatenmark
- 2 EL Mehl
- 300 ml Rotwein
- 300 ml passierte Tomaten
- 300 ml Gemüsefond
- Salz und Pfeffer
- 3 Wacholderbeeren
- 2 Lorbeerblätter
- je 2 Zweige Thymian, Rosmarin und Majoran

Zubereitung

1 | Die Keule mit dem Senf einreiben und mit der Gewürzmischung rundherum würzen.

2 | Die Briketts vorbereiten und den Dutch Oven darüber erhitzen. Währenddessen das Gemüse putzen und in kleine Stücke schneiden. Den Knoblauch fein hacken und die Chili in Ringe schneiden.

3 | Das Öl im Dutch Oven erhitzen und das Gemüse, den Knoblauch und die Chili darin kräftig anschwitzen. Das Tomatenmark und das Mehl dazugeben und kurz miträsten. Anschließend mit dem Rotwein ablöschen und dann die passierten Tomaten und den Fond hinzufügen.

4 | Mit den Gewürzen und Kräutern würzen und zuletzt die Keule hineinlegen. Dann den Deckel schließen und mit 9 Briketts unten und 15 Briketts auf dem Deckel zum Köcheln bringen. Für 1–1 ½ Stunden garen, mit Knochen dauert es meistens etwas länger.

5 | Die Keule anschließend aus dem Dutch Oven nehmen und warmhalten. Derweil das Gemüse und die Flüssigkeit durch ein Sieb geben und die Sauce vor dem Servieren noch einmal abschmecken. Wahlweise kann das Gemüse aus dem Dutch Oven auch einfach direkt als Beilage genommen werden.

Salzbraten

Petromax k8 | Briketts (8/6)

1 Schweinebraten ohne Schwarte (z. B. Schweinenacken, ca. 2 kg)

2 EL scharfer Senf

4 EL Dalmatiner-Rub

1 kg Kartoffeln

1 kg grobes Salz

Zubereitung

1 | Den Schweinebraten mit dem Senf einreiben und mit dem Rub würzen. Abgedeckt im Kühlschrank 4 Stunden marinieren.

2 | Die Kartoffeln gründlich waschen. Währenddessen die Briketts in einem Anzündkamin zum Glühen bringen.

3 | Das Salz komplett in den Dutch Oven geben, anschließend den Braten mittig und die Kartoffeln um den Braten herum platzieren. Deckel schließen und den Dutch Oven mit 8 Briketts unten und 6 Briketts auf dem Deckel befeuern. Die Garzeit beträgt 1–1 ½ Stunden, je nach Größe des Bratens. Die Kerntemperatur sollte im Kern ca. 75 °C. betragen, zur Kontrolle empfiehlt sich ein Einstechthermometer. Vor dem Servieren muss der Braten noch für 15 Minuten ruhen.

Dalmatiner-Rub:

1 EL Salzflocken

1 EL geschroteter Pfeffer

1 EL Zwiebelgranulat

1 EL Knoblauchgranulat

Schichtfleisch

Zutaten für Petromax ft9 | Briketts (9/15)

1 Schweinenacken, ca. 3 kg schwer
BBQ-Rub für Schwein
1 kg Drillinge
3 Gemüsezwiebeln
2 rote Paprikaschoten
6 Knoblauchzehen
4 Chilischoten
ca. 500 g Baconscheiben
250 ml BBQ-Sauce

Zubereitung

1 | Den Schweinenacken in ca. 1 ½ cm dicke Scheiben schneiden und mit dem BBQ-Rub würzen. Abgedeckt im Kühlschrank für einige Stunden, oder auch über Nacht marinieren.

2 | Die Drillinge gründlich waschen oder schälen, falls man die Schale nicht mitessen möchte. Die Zwiebeln und die Paprikas in dicke Scheiben, den Knoblauch und die Chilischoten in kleine Stücke bzw. Ringe schneiden.

3 | Den Boden und die Seiten des Dutch Oven mit dem Bacon auslegen, dabei die Scheiben etwas über den Rand überstehen lassen. Dann als erstes die Kartoffeln auf dem Boden im Dutch Oven verteilen. Anschließend abwechselnd die Scheiben Fleisch, Zwiebeln und Paprika aufrecht und kreisförmig in den Dutch Oven schichten. Die BBQ-Sauce darüber geben und zuletzt die kleingeschnittenen Chilis und den Knoblauch. Zum Schluss die überhängenden Baconscheiben über das Fleisch legen.

4 | Die Briketts zum Glühen bringen und den Dutch Oven mit 9 Briketts darunter und 15 Briketts auf dem Deckel befeuern. Die Garzeit beträgt ca. 3 Stunden, das Fleisch ist dann sehr zart und zerfällt schon fast von alleine. Das Schichtfleisch wird meistens als Snack im Brötchen gegessen, aber es passen auch sehr gut Reis oder Nudeln dazu. Die mitgegarten Kartoffeln haben sich mit dem Saft von Fleisch, Gemüse und Gewürzen vollgesogen und sind ebenfalls ein Hochgenuss.

Shepherd's Pie

Zutaten für Petromax k8 | Briketts (6/12)

- 3 EL Öl
- 1 kg Hackfleisch vom Lamm oder Rind
- 1 Zwiebel
- 1 Karotte
- 2 Knoblauchzehen
- 2 EL Tomatenmark
- 2 EL Mehl
- 500 ml Rinderfond
- 200 g TK-Erbsen
- 200 g TK-Mais
- 1 kg Kartoffeln, mehlig kochend
- 200 g Butter
- 200 g geriebener Cheddar
- Salz und Pfeffer
- Muskatnuss

Zubereitung

1 | Die Briketts vorbereiten. Den Dutch Oven über die glühenden Briketts stellen und das Öl darin erhitzen. Anschließend das Hackfleisch im heißen Öl kräftig anrösten.

2 | Die Zwiebel, die Karotte und den Knoblauch in kleine Stücke schneiden und mit in den Dutch Oven geben. Wenn alles schön angeröstet ist, das Tomatenmark und das Mehl dazugeben, kurz mitrösten und dann mit dem Fond ablöschen. Die Erbsen und den Mais dazugeben und alles ca. 30 Minuten lang ohne Deckel köcheln, bis die Flüssigkeit fast komplett verkocht ist.

3 | In der Zwischenzeit die Kartoffeln schälen und weichkochen. Danach abgießen und durch eine Presse drücken. Anschließend mit der Butter zu Püree verarbeiten, den Cheddar dazugeben und mit Salz, Pfeffer und Muskat abschmecken.

4 | Die Hackfleischmasse nun gleichmäßig auf dem Boden des Dutch Ovens ausbreiten und das Kartoffelpüree darüber verteilen. Den Deckel schließen und den Dutch Oven mit 6 Briketts darunter und 12 Briketts auf dem Deckel befeuern. Für 20–30 Minuten backen und heiß aus dem Dutch Oven servieren.

Sloppy-Joe-Burger

Zutaten für Petromax ft6 | Briketts (9/15)

- 1 große Zwiebel
- 1 grüne Paprika
- 1 Knoblauchzehe
- 1 Chilischote
- 800 g Hackfleisch vom Rind
- Öl
- 50 g Tomatenmark
- 200 g gehackte Dosentomaten
- 3 EL Worcestersauce
- Salz und Pfeffer
- 4 Buns
- 100 g Cheddar, gerieben
- eingelegte Jalapeños

Zubereitung

1 | Die Briketts vorbereiten und den Dutch Oven über der Glut erhitzen.

2 | Währenddessen die Zwiebel, die Paprika, den Knoblauch und die Chilischote in kleine Stücke schneiden.

3 | Das Hackfleisch mit etwas Öl kräftig im Dutch Oven anbraten, dann das geschnittene Gemüse hinzufügen und ebenfalls kräftig anrösten. Nach ein paar Minuten das Tomatenmark dazugeben und kurz mitrösten.

4 | Die gehackten Tomaten in den Topf geben, alles gut vermengen und mit der Worcestersauße, Salz und Pfeffer würzen. Den Deckel schließen und für ca. 30 Minuten auf die gewünschte Konsistenz einkochen, dafür 9 Briketts unter dem Dutch Oven und 15 auf dem Deckel verteilen. Für unsere Burger sollte es nicht zu flüssig sein, eventuell ohne Deckel ein paar Minuten einkochen. Vor dem Servieren kräftig abschmecken.

5 | Die Buns aufschneiden, etwas von der Sloppy-Joe-Sauce auf die Unterseite geben, dann Käse und Jalapeños darüberstreuen und mit dem Deckel beenden.

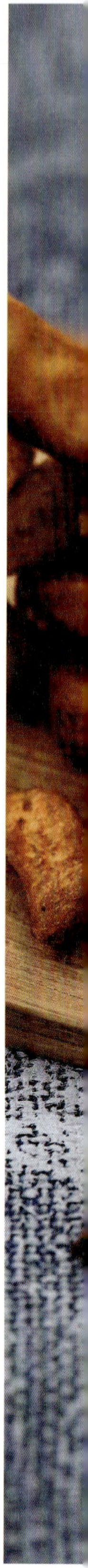

Info

Der Sloppy Joe (zu Deutsch: *schlampiger Joe*) ist kein typischer Burger, aber dennoch ein amerikanisches Original.
Zum ersten Mal wurde er wohl in der gleichnamigen Bar auf Key West/ Florida serviert, allerdings gibt es mehrere Theorien darüber. Er eignet sich aufgrund der einfachen Vorbereitung perfekt für Feste und Partys. Alles für die Gäste bereitstellen, und jeder kann sich seinen Burger selbst zusammenbauen, wenn ihm oder ihr danach ist.

Spanisches Kaninchen

Zutaten für Petromax ft9 | Briketts (10/14)

- Olivenöl
- 4 Kaninchenkeulen
- 1 Zwiebel
- 1 Karotte
- ½ Bund Lauchzwiebeln
- 8 Knoblauchzehen
- 2 Chilischoten
- 500 ml spanischer Rotwein, z. B. Rioja
- 1 EL Thymian
- 1 EL Rosmarin
- Salz und Pfeffer
- 1 EL Paprikapulver, geräuchert
- 2 Lorbeerblätter
- 2 rote Spitzpaprika
- 100 g Cherrytomaten

Zubereitung

1 | Die Briketts vorbereiten und den Dutch Oven über der Glut platzieren. Etwas Olivenöl im Topf erhitzen und die Kaninchenkeulen kräftig darin anrösten.

2 | In der Zwischenzeit die Zwiebel, die Karotte, die Lauchzwiebeln, den Knoblauch und die Chilischote in kleine Stücke schneiden.

3 | Das Kaninchen aus dem Dutch Oven nehmen und beiseitestellen. Das Gemüse im noch heißen Öl 5 Minuten lang anbraten. Dann mit dem Rotwein ablöschen, die Kräuter und Gewürze hinzufügen und die Keulen in die Sauce legen. Den Deckel auflegen und den Dutch Oven mit 10 Briketts darunter und 14 auf dem Deckel befeuern. Für ca. 30 Minuten garen.

4 | Währenddessen die Spitzpaprika in Ringe schneiden und die Tomaten vierteln. Nach den 30 Minuten Paprika und Tomaten in den Topf geben und für weitere 10–15 Minuten garen. Die Sauce kräftig abschmecken und mit etwas Polenta zu dem Kaninchen servieren.

Texas Chili

Für das Chili: Zutaten für Petromax ft6 | Briketts (10/14)

- 2 große Zwiebeln
- 4 Knoblauchzehen
- 200 g Poblano-Chilis oder grüne Paprikaschoten
- 200 g Ancho-Chilis oder grüne Paprikaschoten
- 2 EL Öl
- 1 kg Rinderhackfleisch oder kleingeschnittenes Rindfleisch
- 1 Habanero Chili
- 100 g Jalapeños
- 1 EL Cumin
- 3 EL Paprikapulver, süß
- 1 EL Paprikapulver, geräuchert
- 1 EL Chipotle-Chilipulver
- 1 EL Cayennepfeffer
- 1 EL Salz
- 1 EL Pfeffer
- 500 ml Bier
- 100 ml rauchige BBQ-Sauce
- 3 EL Zucker
- 30 g Schokolade (70 %)

Zubereitung

1 | Die Briketts vorbereiten und den Dutch Oven über der Glut erhitzen.

2 | Die Zwiebeln, den Knoblauch, die Poblano-Chilis und die Ancho-Chilis (bzw. die Paprikaschoten) kleinschneiden und mit etwas Öl im Dutch Oven anbraten. Nach ein paar Minuten das Fleisch hinzufügen und kräftig mitbraten.

3 | Die Habanero Chili und die Jalapeños in kleine Stücke schneiden und mit in den Dutch Oven geben. Die Gewürze hineingeben und gut umrühren, nur kurz anrösten.

4 | Jetzt mit dem Bier ablöschen und die BBQ-Sauce dazugeben. Alles gut umrühren und für mindestens 2 Stunden (länger ist kein Problem) bei geringer Hitze sanft köcheln lassen, dazu 10 Briketts unter dem Dutch Oven und 14 Stück auf dem Deckel platzieren. Zwischendurch kontrollieren und gegebenenfalls Flüssigkeit (Wasser oder Rinderfond) hinzufügen. Vor dem Anrichten die Schokolade hinzufügen und noch einmal kräftig abschmecken. Heiß mit Reis, Bohnen und Nachos servieren, nach Belieben mit Sour-Cream oder geriebenem Cheddar anrichten.

Für die Bohnen:

Zutaten für Petromax ft4,5 | Briketts (6/9)

- 1 kleine Zwiebel
- 2 EL Öl
- 400 ml passierte Tomaten
- 1 kg weiße Bohnen, vorgekocht
- 50 ml Ahornsirup
- Salz und Pfeffer

Zubereitung

1 | Den Dutch Oven über der Glut erhitzen.

2 | Die Zwiebel in kleine Würfel schneiden und im heißen Dutch Oven mit dem Öl glasig anschwitzen. Die passierten Tomaten, die Bohnen und den Ahornsirup hinzufügen und mit Salz und Pfeffer würzen. Bei geschlossenem Deckel ca. 30 Minuten sanft köcheln, dafür 6 Briketts unter dem Topf und 9 Briketts auf dem Deckel verteilen. Zum Texas Chili servieren.

Würstchen
mit Schwarzbier-Zwiebeln

Zutaten für Petromax k8 | Unterhitze reicht hier aus, Briketts 12

3 EL Öl	**500 ml Schwarzbier**
6 Bratwürstchen	**50 ml Honig**
600 g Zwiebeln	**Salz und Pfeffer**
1 Knoblauchzehe	**30 g Butter**
1 Chilischote	**Zucker**

Zubereitung

1 | Die Briketts vorbereiten und den Dutch Oven mit dem Öl darüber erhitzen.

2 | Die Würstchen im heißen Dutch Oven kräftig anrösten, dann aus dem Topf nehmen und beiseitestellen.

3 | Die Zwiebeln in feine Ringe schneiden und in dem verbliebenen Öl anschwitzen. Den Knoblauch und die Chilischote fein hacken und zu den Zwiebeln geben, kurz mitrösten.

4 | Anschließend mit dem Schwarzbier ablöschen und den Honig hinzufügen. Mit Salz und Pfeffer würzen und die Würstchen zurück in den Dutch Oven legen. Deckel schließen und 10 Minuten sanft köcheln lassen.

5 | Nun die Würstchen aus dem Topf nehmen und anrichten. Die Sauce mit der Butter andicken, mit Salz, Pfeffer und Zucker abschmecken und über die Würstchen geben. Dazu passt Kartoffelpüree oder Baguette.

BEILAGEN, VEGETARISCHES UND CO.

Gefüllte Paprikaschoten
vegetarisch

Zutaten für Petromax ft9 | Briketts (9/15)

200 g Zartweizen oder Zartdinkel (z. B. Ebly)

1 Bund Lauchzwiebeln

2 Knoblauchzehen

2 Chilischoten

400 g Feta

100 g Walnüsse, gehackt

½ Bund Petersilie

Salz und Pfeffer

8 Paprikaschoten

300 g Kirschtomaten

100 ml Gemüsefond

100 g Parmesan

Zubereitung

1 | Den Zartweizen in reichlich gesalzenem Wasser gar kochen, abgießen und abkühlen lassen.

2 | Die Lauchzwiebeln, den Knoblauch und die Chilischoten in kleine Würfel schneiden und mit dem Zartweizen in eine Schüssel geben.

3 | Den Feta zerbröseln und mit den Walnüssen zu der Mischung geben, ebenso die gehackte Petersilie. Mit Salz und Pfeffer würzen und gut miteinander vermengen.

4 | Die Paprikaschoten vom Strunk befreien und entkernen. Anschließend die Mischung in die Paprikaschoten füllen. Falls noch Mischung über ist, kann man diese im Dutch Oven verteilen.

5 | Die Kirschtomaten halbieren und ebenfalls auf dem Boden des Dutch Ovens verteilen, dann den Fond aufgießen.

6 | Die Paprikaschoten in den Dutch Oven stellen und den Parmesan darüber reiben. Den Deckel schließen und mit 9 glühenden Briketts unter dem Topf, sowie mit 15 auf dem Deckel befeuern. Die Garzeit beträgt ca. 45 Minuten. Zwischendurch den Dutch Oven und den Deckel alle 15 Minuten um ca. 90 ° drehen, um ein gleichmäßiges Garen zu garantieren.

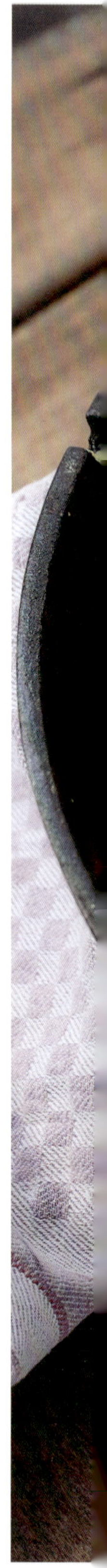

Grünkohl

Zutaten für Petromax ft12 | Briketts (12/18)

- 200 g Zwiebeln
- 1 Knoblauchzehe
- 1 Chilischote
- 50 g Schweineschmalz
- 2 kg Grünkohl, frisch oder gefroren (aufgetaut verarbeiten)
- 2 l Fleischbrühe
- 800 g Kartoffeln
- 500 g Bauchspeck am Stück
- 10 Würste (z. B. geräucherte Mettenden, Kohlwürste, Pinkel)
- Salz und Pfeffer
- Haferflocken

Zubereitung

1 | Die Briketts vorbereiten und den Dutch Oven damit erhitzen.

2 | Die Zwiebeln würfeln, den Knoblauch und die Chili hacken und mit dem Schmalz in den Topf geben, kräftig anbraten. Den Strunk des Grünkohls in Stücke schneiden und dazugeben. Umrühren und die Fleischbrühe aufgießen. Den Deckel schließen und mit 12 Briketts unter dem Topf und 18 Briketts auf dem Deckel für ca. 30 Minuten köcheln lassen.

3 | Anschließend die Kartoffeln, den Bauchspeck und die Würste dazugeben, umrühren und für ca. 2 Stunden sanft köcheln lassen.

4 | Vor dem Servieren noch einmal mit Salz und Pfeffer abschmecken und, falls nötig, den Fond mit ein paar EL Haferflocken abbinden.

Kartoffelgratin

Zutaten für Petromax ft6 | Briketts (8/16)

Zutaten für 8 Personen:

- 1 ½ kg Kartoffeln, festkochend
- 1 Zwiebel
- 1 Knoblauchzehe
- Butter
- 100 g geriebenen Mozzarella
- 350 ml Sahne
- 200 ml Milch
- ½ TL Muskatnuss
- Salz und Pfeffer

Zubereitung

1 | Die Kartoffeln schälen und in gleichmäßig dünne Scheiben schneiden – oder mit einem Gemüseschneider hobeln. Mit den Zwiebeln und dem Knoblauch kann man genauso verfahren, das gibt ein tolles Ergebnis.

2 | Den Dutch Oven innen mit Butter ausstreichen, das verhindert ein Ankleben der Kartoffeln und schmeckt außerdem noch besser.

3 | Zuerst die Zwiebeln und den Knoblauch im Dutch Oven auslegen, darüber dann die Kartoffelscheiben. Geriebenen Mozzarella darüber verteilen.

4 | Aus den übrigen Zutaten eine Sauce mischen und über die Kartoffeln geben. Jetzt wird der Deckel aufgelegt und 8 Briketts unter dem Dutch Oven sowie 16 auf dem Deckel verteilt. Die Garzeit beträgt ca. 60 Minuten, eventuell auch etwas länger.

5 | Alle 15 Minuten den Topf und den Deckel jeweils um ca. 90 ° drehen, um ein gleichmäßiges Garergebniss zu bekommen. Schmeckt wunderbar als Beilage oder auch als vegetarisches Hauptgericht.

Mac'n'Cheese

Zutaten für Petromax ft6 | Briketts (9/15)

500 g Makkaroni

400 g Frischkäse

200 g Cheddar gerieben

500 ml Sahne

1 Chilischote

Salz und Pfeffer

1 TL Paprikapulver, scharf

Zubereitung

1 | Die Nudeln in reichlich gesalzenem Wasser garkochen und abgießen.

2 | Im Dutch Oven den Frischkäse, den Cheddar und die Sahne vermischen und mit der in Ringe geschnittenen Chili und etwas Salz, Pfeffer und Paprikapulver würzen und abschmecken.

3 | Die noch heißen Nudeln zu der Mischung geben und alles gut miteinander vermengen. Den Deckel schließen und den Dutch Oven mit 9 Briketts darunter und 15 Briketts auf dem Deckel befeuern. Nach 15–20 Minuten kann serviert und gegessen werden.

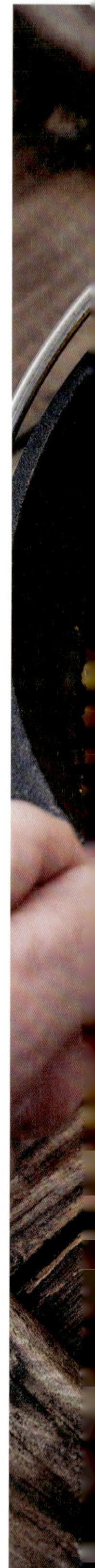

Redneck Beans

Zutaten für Petromax ft9 | Briketts (12/12)

Zutaten für 8 Personen:

3 EL Öl	100 ml BBQ-Sauce
250 g Hackfleisch	50 g brauner Zucker
250 g Bacon, gewürfelt	2–3 Chilischoten
250 g Kasseler, gewürfelt	2 Gläser Silberzwiebeln
100 g Sellerie	1 kg Bohnen aus der Dose
100 g Lauch	3 Paprika (rot, gelb, grün)
100 g Karotten	1 Bund Lauchzwiebeln
2 rote Zwiebeln	30 g Schokolade (70%)
2 Knoblauchzehen	3 EL BBQ-Rub
500 ml Schwarzbier	100 ml Ahornsirup
500 g Tomaten	Sour Cream

Zubereitung

1 | Die Briketts zum Glühen bringen und den Dutch Oven darüber erhitzen. Etwas Öl hineingeben und das Hackfleisch, den Bacon und das Kasseler kräftig darin anrösten.

2 | Den Sellerie, den Lauch, die Karotten, die roten Zwiebeln und den Knoblauch in kleine Würfel schneiden und mit dem Fleisch anbraten. Mit dem Schwarzbier ablöschen.

3 | Die Tomaten würfeln und dazugeben. Außerdem die BBQ-Sauce, den Zucker, die in Ringe geschnittenen Chilischoten und die abgegossenen Silberzwiebeln hinzufügen. Alles mit geschlossenem Deckel und 12/12 Briketts für ca. 1 Stunde köcheln lassen.

4 | Danach kommen die abgegossenen Bohnen dazu, außerdem die in Streifen geschnittenen Paprikaschoten und die in Ringe geschnittenen Lauchzwiebeln. Für eine weitere Stunde köcheln lassen, dann die Schokolade hinzufügen und mit dem BBQ-Rub und dem Ahornsirup abschmecken. Mit einem Klecks Sour Cream garnieren. Ich mag es gerne sehr süß und scharf, aber das kann man natürlich nach eigenem Geschmack variieren.

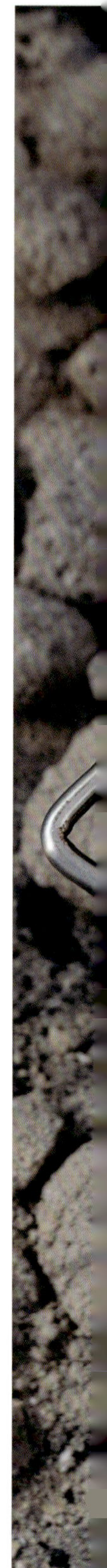

Sauerteigbrot mit Griebenschmalz

Für das Brot: Zutaten für Petromax ft6 | Briketts (8/16)

150 g Sauerteigansatz, vom Bäcker oder aus der Packung

280 g Weizenmehl (Type 1050)

300 g Roggenmehl (Type 1150)

4 EL Rapsöl

300 ml Wasser

1 EL Salz

1 TL Zucker

Zubereitung

1 | Am Vortag den Sauerteigansatz mit dem Weizen- und Roggenmehl in eine Schüssel geben und kurz vermischen. Dann die restlichen Zutaten hinzufügen und alles zu einem klebrigen Teig verarbeiten. Mit bemehlten Händen zu einer Kugel formen und in eine mit Öl ausgestrichene Schüssel legen. Im Kühlschrank über Nacht durchsäuern und aufgehen lassen.

2 | 2 Stunden vor der Weiterverarbeitung aus dem Kühlschrank nehmen und auf Zimmertemperatur bringen. Den Dutch Oven anschließend mit Backpapier auslegen und den Teig gleichmäßig hineingeben. Den Teig vorsichtig in Form bringen, mit einem Messer ca. 1 cm tief dekorativ einschneiden und leicht mit Mehl bestäuben.

3 | Die Briketts zum Glühen bringen und den Dutch Oven mit 8 Briketts darunter und 16 Briketts auf dem Deckel befeuern. Die Backzeit beträgt ca. 50–60 Minuten, wobei nach 30 Minuten der Dutch Oven und der Deckel jeweils um 180 ° gedreht werden, um ein gleichmäßiges Backergebnis zu erzielen.

4 | Wenn das Brot nach den ersten 30 Minuten eine hellbraune Farbe angenommen hat und es nicht verbrannt riecht, ist alles top. Falls es verbrannt riecht, die Briketts unter dem Dutch Oven entfernen und nur mit Oberhitze weiterbacken. Nach den ersten 50 Minuten Backzeit klopft man mit den Fingern auf das Brot. Klingt es hohl, ist es fertig, klingt es dumpf, braucht es noch ein paar Minuten. Das fertige Brot aus dem Dutch Oven nehmen, auf einem Rost abkühlen lassen und erst aufschneiden, wenn es nur noch lauwarm ist.

Für das Griebenschmalz:

Zutaten für Petromax ft4,5
Unterhitze reicht hier aus, 15 Briketts

- 600 g fetter Speck ohne Schwarte
- 600 g Schweinebauch ohne Schwarte
- 1 saurer Apfel, z. B. Boskop
- 1 große Zwiebel
- 1 Knoblauchzehe
- 1 Chilischote
- 1 TL Thymian
- 1 TL Majoran
- 2 Lorbeerblätter
- 4 Pimentkörner
- Salz und Pfeffer

Zubereitung

1 | Den Speck und den Schweinebauch durch den Fleischwolf drehen, dabei eine 5- oder 8-mm-Scheibe verwenden. Wer keinen Fleischwolf hat, schneidet alles in ca. 5 mm große Würfel.

2 | Die Briketts vorbereiten und den Dutch Oven darüber erhitzen. Den Speck und den Bauch in den Topf geben und schmelzen lassen.

3 | In der Zwischenzeit den Apfel, die Zwiebel, den Knoblauch und die Chilischote in feine Würfel schneiden bzw. hacken und mit in den Dutch Oven geben.

4 | Die Kräuter und Gewürze hinzufügen und alles bei mittlerer Hitze garen, bis die Zwiebeln eine hellbraune Farbe angenommen haben. Das flüssige Schmalz durch ein Sieb in Schmalztöpfchen oder sterilisierte Einmachgläser gießen. Gläser sorgfältig verschließen und abkühlen lassen.

Süsskartoffelgratin

Zutaten für Petromax ft4,5 | Briketts (6/10)

600 g Süßkartoffeln	200 ml Sahne
1 Bund Lauchzwiebeln	100 ml Milch
2 Chilischoten	Salz und Pfeffer
Butter	Muskatnuss
200 g Feta	50 g geriebener Parmesan

Zubereitung

1 | Die Süßkartoffeln schälen und in dünne Scheiben sowie die Lauchzwiebeln und die Chilischoten in feine Ringe schneiden.

2 | Den Dutch Oven mit etwas Butter ausstreichen. Einen Teil Lauchzwiebeln und Chili auf dem Boden verteilen, dann eine Lage Kartoffeln und etwas geriebenen Feta darauf schichten. Jetzt wieder Lauchzwiebeln und Chili, dann Kartoffeln und Feta. Solange wiederholen, bis alles verbraucht ist.

3 | Die Sahne und die Milch mischen und mit Salz, Pfeffer und Muskatnuss würzen. Die Mischung in den Dutch Oven geben und den geriebenen Parmesan darüber verteilen. Den Deckel schließen und den Topf mit 6 Briketts darunter und 10 Briketts auf dem Deckel befeuern. Für ca. 45 Minuten garen, dabei alle 15 Minuten den Dutch Oven und den Deckel um ca. 90 ° drehen, um ein gleichmäßiges Garergebnis zu erzielen.

4 | Nach Ablauf der Zeit mit einem Spieß kontrollieren, ob die Kartoffeln weich sind, ansonsten weitere 10 Minuten garen. Wer den Käse gerne sehr knusprig mag, kann die Briketts von unten mit auf den Deckel legen, um die letzten 5 Minuten mit mehr Hitze zu gratinieren.

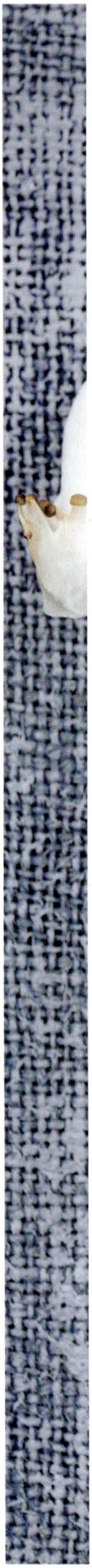

Pilzrisotto

Zutaten für Petromax ft6 | Unterhitze reicht hier aus, 18 Briketts

- 1 Zwiebel
- 2 Knoblauchzehen
- 1 Chilischote
- 400 g Pilze (z. B. Kräuterseitlinge, Champignons oder Steinpilze)
- 50 ml Olivenöl
- 200 g Risottoreis
- 1 Lorbeerblatt
- ca. 1 ½ l Gemüsefond
- 100 g Butter
- 50 g geriebener Parmesan
- Muskatnuss
- Salz und Pfeffer

Zubereitung

1 | Die Briketts vorbereiten und den Dutch Oven über den glühenden Briketts erhitzen. In der Zwischenzeit die Zwiebel, den Knoblauch und die Chilischote in kleine Würfel und die Pilze in mundgerechte Stücke schneiden.

2 | Das Olivenöl in den Dutch Oven geben und Knoblauch, Zwiebel, Chili und die Pilze scharf darin anbraten. Nach ein paar Minuten den Reis und das Lorbeerblatt dazugeben und mitbraten.

3 | Nach ein paar Minuten mit etwa der Hälfte des Fonds aufgießen und gut umrühren. Das Risotto sanft köcheln, dabei häufig rühren und immer wieder etwas Flüssigkeit nachgießen, wenn die im Dutch Oven vom Reis aufgenommen oder verdunstet ist. Wenn der Fond nicht reicht, einfach Wasser aufgießen. Das Ganze so lang wiederholen, bis der Reis gar ist, aber noch einen leichten Biss hat.

4 | Den Dutch Oven vom Feuer nehmen und die Butter und den Parmesan in das Risotto geben. Gut unterrühren und bei geschlossenem Deckel für ca. 10 Minuten ruhen lassen. Vor dem Servieren mit Muskatnuss würzen und mit Salz und Pfeffer abschmecken. Ein paar gebratene Pilze und fein geschnittene Lauchzwiebeln eignen sich hervorragend als Topping.

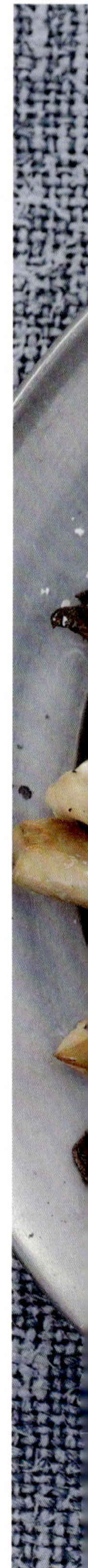

Vegetarisches Curry

Zutaten für Petromax ft6 | Briketts (10/10)

- 2 Zwiebeln
- 2 Karotten
- 2 Knoblauchzehen
- 2 Chilischoten
- 3 EL Öl
- 3 EL gelbe Currypaste
- 100 g Cashewkerne
- 1 ½ l Gemüsefond
- 600 g Hokkaido
- 600 g Blumenkohl
- 500 ml Kokosmilch
- ½ Bund Koriander
- Salz und Pfeffer

Zubereitung

1 | Die Briketts vorbereiten und den Dutch Oven über der Glut erhitzen.

2 | Die Zwiebeln, die Karotten, den Knoblauch und die Chilischoten in kleine Stücke schneiden. Mit etwas Öl kräftig im Dutch Oven anbraten.

3 | Die Currypaste und die Cashewkerne dazugeben und kurz miträsten, dann mit dem Gemüsefond ablöschen.

4 | Den Hokkaido und den Blumenkohl in mundgerechte Stücke schneiden und mit in den Dutch Oven geben. Den Deckel schließen und den Topf mit jeweils 10 Briketts unter dem Topf und 10 auf dem Deckel befeuern. Ca. 30 Minuten garen, bis der Kürbis weich ist, dann die Kokosmilch und den gehackten Koriander dazugeben. Für weitere 5 Minuten garen, mit Salz und Pfeffer abschmecken und am besten mit Reis servieren.

Weissbrot

Zutaten für Petromax k4 | Briketts (8/8)

2 EL brauner Zucker

1 Pck. Trockenhefe

360 ml Wasser

500 g Mehl (Type 405)

1 TL Salz

2 EL Öl

Zubereitung

1 | Den Zucker und die Trockenhefe mit 60 ml Wasser vermengen und 15 Minuten gehen lassen.

2 | Die übrigen Zutaten anschließend in eine Küchenmaschine geben und den Vorteig dazugeben. Mit den Knethaken zu einem glatten Teig ohne Klümpchen verarbeiten. Den Teig für 45 Minuten gehen lassen.

3 | In der Zwischenzeit die Briketts vorbereiten und den Dutch Oven einfetten. Dann den Teig in die Form geben und mit einem Messer leicht einritzen. Den Deckel schließen und den Dutch Oven mit je 8 Briketts auf dem Deckel und 8 unter dem Topf befeuern. Die Backzeit beträgt 45–60 Minuten. Nach dem Backen das Brot aus der Form nehmen und auf einem Rost abkühlen lassen.

Zupfbrot

Zutaten für Petromax k4 | Briketts (6/8)

200 g zimmerwarme Butter

100 g Mayonnaise

1 Bund frische Kräuter
(z. B. Petersilie, Schnittlauch, Basilikum)

2 Knoblauchzehen

Salz und Pfeffer

1 Kastenweißbrot

Zubereitung

1 | Die Butter und die Mayonnaise miteinander vermischen.

2 | Die Kräuter und den Knoblauch fein hacken. Alles in einer Schüssel verrühren und mit Salz und Pfeffer abschmecken.

3 | Das Weißbrot in Scheiben schneiden und die Schnittflächen dünn mit der Buttercreme bestreichen. Senkrecht dicht an dicht in den Dutch Oven stellen und den Deckel schließen. Den Dutch Oven anschließend mit 6 Briketts unter dem Topf und 8 Briketts auf dem Deckel befeuern. 15–25 Minuten backen, bis die Kruste schön kross geworden ist. Im Dutch Oven servieren, bei Bedarf werden die einzelnen Scheiben einfach nach oben rausgezogen.

DESSERT

Cheesecake

Zutaten für Petromax ft4,5 | Briketts (6/9)

Für den Boden:

- 200 g Butterkekse
- 100 g gemahlene Mandeln
- 120 g Butter

Für die Creme:

- 6 Eier
- 1 Prise Salz
- 250 g Frischkäse
- 250 g Quark (40 % Fett)
- 200 g saure Sahne
- 1 Bio-Zitrone
- 150 g Zucker
- 1 EL Lemon Curd
- 200 g frische Blaubeeren

Zubereitung

1 | Die Kekse zerkrümeln und mit den gemahlenen Mandeln vermischen. Die Butter schmelzen, zu den Keksen und Mandeln geben und zu einem Teig verarbeiten.

2 | Den Dutch Oven mit Backpapier auslegen (auch seitlich) und den Keksteig zu einem gleichmäßigen Boden auslegen und andrücken.

3 | Für die Creme werden zuerst die Eier getrennt und das Eiweiß mit dem Salz in einer Küchenmaschine zu Eischnee geschlagen.

4 | Dann den Frischkäse, den Quark, die 6 Eigelbe, die Sahne, den Abrieb und Saft der Zitrone, den Zucker und den Lemon Curd in einer Schale zu einer glatten Creme verarbeiten. Der Eischnee muss jetzt vorsichtig unter die Creme gehoben werden und kann anschließend nun über den Keksboden verteilt werden. Die Blaubeeren locker über der Creme verteilen, diese sinken von alleine etwas ein.

6 | Zum Backen 6 glühende Briketts unter dem Topf und 9 Stück auf dem Deckel verteilen. Die Backzeit beträgt ca. 1 ½ Stunden, dabei alle 20–30 Minuten den Topf und den Deckel jeweils um 90 ° drehen, um ein gleichmäßiges Backergebnis zu erzielen.

7 | Nach dem Backen den Kuchen für 30 Minuten im Topf (ohne Deckel) auskühlen lassen und vorsichtig mit dem Backpapier herausnehmen.

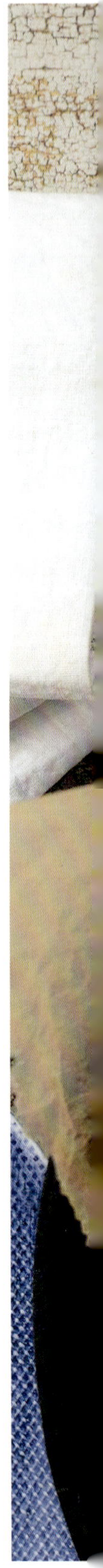

Obstcrumble

Zutaten für Petromax ft9 | Briketts (8/16)

- 500 g Äpfel
- 500 g Birnen
- 200 g Mango
- 200 g Nektarinen oder Pfirsiche
- 200 g Kumquats
- 300 g Beeren der Saison
- 50 g brauner Zucker
- Schale und Saft einer Limette
- 1 Prise Salz

Crumble:

- 250 g Mehl
- 250 g Butter
- 250 g Zucker
- 250 g Mandelblätter

Zubereitung

1 | Die Äpfel, die Birnen, die Mango und die Nektarinen putzen, schälen und entkernen. In mundgerechte Stücke schneiden.

2 | Die Kumquats in Scheiben schneiden, gegebenenfalls entkernen.

3 | Das kleingeschnittene Obst mit den Beeren und dem braunen Zucker mischen. Schale und Saft der Limette hinzufügen, außerdem noch eine Prise Salz. Anschließend alles gut miteinander vermischen und in den Dutch Oven geben.

4 | Aus dem Mehl, der Butter, dem Zucker und den Mandeln einen Teig mischen und zu Streuseln verarbeiten. Die Streusel locker über dem Obst verteilen, nicht andrücken, sondern einfach darüber rieseln lassen.

5 | Den Deckel schließen und 8 glühende Briketts unter dem Dutch Oven platzieren sowie 16 auf dem Deckel verteilen. Für ca. 20–30 Minuten backen, dabei mehrfach den Dutch Oven und den Deckel um 90 ° drehen, um ein gleichmäßiges Backergebnis zu erhalten. Der Crumble ist fertig, wenn das Obst noch leicht Biss hat, und die Streusel schön gebräunt sind. Dazu passt sehr gut selbstgemachtes Vanilleeis oder -sauce.

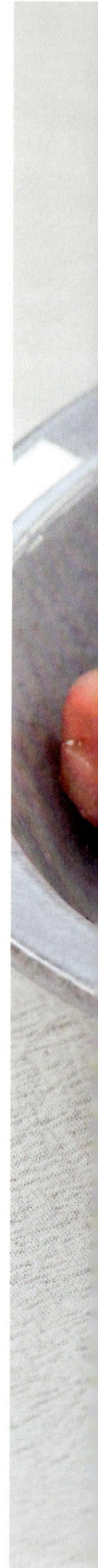

Quarkbällchen

Zutaten für Petromax ft6 | Unterhitze reicht hier aus, 15 Briketts

Zutaten für 6 Personen:

500 g Magerquark

4 Eier

250 g Zucker

1 TL Salz

1 Pk Vanillezucker

500 g Mehl

1 Pck. Backpulver

2 l Öl zum Frittieren

Puderzucker oder eine Zimt-Zuckermischung

Zubereitung

1 | Den Quark, die Eier, den Zucker, das Salz und den Vanillezucker in eine Schüssel geben und schaumig schlagen.

2 | Das Mehl und das Backpulver dazugeben und alles gut miteinander verkneten. Ca. 30 Minuten quellen lassen.

3 | In der Zwischenzeit die Briketts vorbereiten und das Öl im Dutch Oven auf ca. 170 °C erhitzen. Den Teig nochmals durchkneten und anschließend mithilfe zweier Löffel zu Bällchen formen.

4 | Die Bällchen vorsichtig in das heiße Öl geben und gelegentlich wenden bis sie goldbraun geworden sind – das dauert nur ein paar Minuten. Auf einem Rost abtropfen lassen und zum Servieren mit Puderzucker bestreuen oder in der Zimt-Zuckermischung wenden.

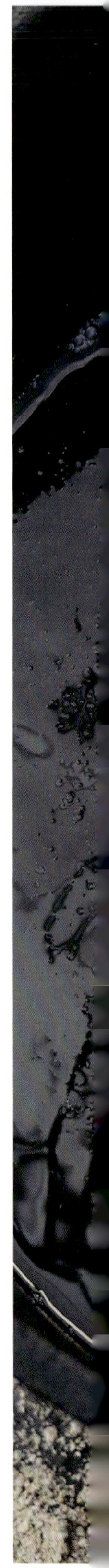

Süsse Buchteln

Zutaten für Petromax ft9 | Briketts (8/14)

- 125 ml Milch
- 50 g weiche Butter
- 320 g Mehl
- 1 Pck. Trockenhefe
- 50 g brauner Zucker
- 1 Ei
- 1 Prise Salz
- Marmelade nach Wahl (z. B. Erdbeermarmelade)
- Puderzucker zum Anrichten
- 50 g zerlassene Butter zum Backen

Zubereitung

1 | Die Milch und die Butter in einen kleinen Topf geben und erwärmen, bis die Butter geschmolzen ist.

2 | Währenddessen das Mehl, die Hefe, den Zucker, das Ei, eine Prise Salz und die Butter-Milch-Mischung in eine Schüssel geben und zu einem Teig verarbeiten. Für 90 Minuten abgedeckt an einem warmen Ort gehen lassen.

3 | Den Teig anschließend noch einmal mit der Hand kneten, kleine Portionen abstechen und zu Kugeln formen. Die Kugeln etwas plattdrücken und einen Klecks Marmelade in die Mitte geben. Die Ränder hochziehen und über der Füllung zusammendrücken um die Buchteln zu verschließen.

4 | Den Dutch Oven mit Backpapier auskleiden und etwas Butter auf dem Boden verteilen. Die Buchteln mit der Naht nach unten im Topf verteilen und noch einmal für 30 Minuten mit geschlossenem Deckel gehen lassen. Vor dem Backen noch etwas zerlassene Butter über den Buchteln verteilen.

5 | In der Zwischenzeit können die Briketts vorbereitet werden. Unter dem Dutch Oven 8 und auf dem Deckel 14 Briketts gleichmäßig verteilen. Alle 10 Minuten Dutch Oven und Deckel jeweils um ca. 90 ° drehen, um ein gleichmäßiges Backergebnis zu erzielen. Nach ca. 30 Minuten sind die Buchteln fertig und können mit etwas Puderzucker verfeinert werden.

Toffifee-Brownie-Kuchen
mit Aprikosenkompott

Für den Toffifee-Brownie-Kuchen: Zutaten für Petromax ft12 | Briketts (8/16)

- 120 g Butter
- 120 ml Öl
- 120 g Kakaopulver
- 225 g weißer Zucker
- 225 g brauner Zucker
- 4 Eier
- 225 g Mehl
- 1 TL Backpulver
- 1 Prise Salz
- 50 g Schokolade (70 %), geraspelt
- 12 Stück Toffifee

Zubereitung

1 | In einem herkömmlichen Topf die Butter, das Öl und das Kakaopulver erwärmen und miteinander verrühren, bis eine cremige Masse entstanden ist.

2 | Den Zucker hinzugeben und gleichmäßig unterrühren. Den Topf vom Herd nehmen und die Eier, das Mehl, das Backpulver und das Salz dazugeben. Alles gut miteinander vermengen, zum Schluss die geraspelte Schokolade unterrühren.

3 | Den Dutch Oven mit Backpapier auskleiden, dann kann der Teig hineingegeben werden. Jetzt noch die Toffifees gleichmäßig auf die Teigmasse verteilen, sie sinken beim Backen von allein etwas in den Teig ein.

4 | Den Deckel auflegen und die glühenden Briketts verteilen, 8 Stück unter dem Topf, 16 Stück gleichmäßig auf dem Deckel. Die Backzeit beträgt 30–40 Minuten, nach ca. 20 Minuten Topf und Deckel jeweils um 180 ° drehen, um ein gleichmäßiges Backergebnis zu erzielen. Nach dem Backen vorsichtig mit dem Backpapier herausnehmen und kurz abkühlen lassen. Warm serviert, mit etwas Aprikosenkompott angerichtet, ein absoluter Hochgenuss.

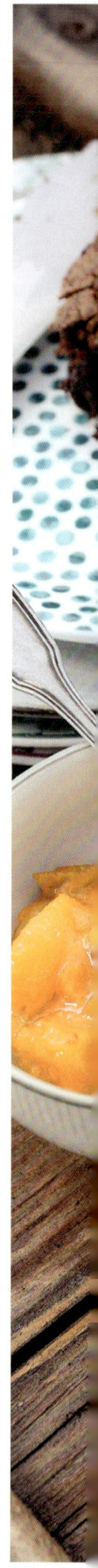

Für das Kompott: **Zutaten für Petromax ft4,5 | Briketts (8/6)**

- 1 kg frische Aprikosen, entsteint
- 2 Bio-Zitronen
- Mark einer Vanilleschote (optional)
- 100 ml Wasser
- 1 Prise Salz

Zubereitung

1 | Die Aprikosen in Stücke schneiden, die Zitronenschale darüberreiben und dann die Zitronen auspressen. Den Saft der Zitronen, das Vanillemark, das Wasser und eine Prise Salz zu den Aprikosen geben. Alles gut umrühren.

2 | Die Masse in den Dutch Oven geben, den Deckel auflegen und 8 glühende Briketts unter dem Topf, und 6 auf dem Deckel platzieren. Nach 20 bis 30 Minuten ist das Kompott fertig und sollte noch möglichst heiß in Gläser abgefüllt werden. Oder man nimmt es aus dem Dutch Oven, lässt es abkühlen und genießt es sofort.

Vielen Dank!

Es braucht eine Menge Zeit, um so ein Buch zu verwirklichen. Die Vorbereitung, Planung, die Umsetzung auf der Glut, Rezepte und Texte schreiben, alles nimmt sehr viel Zeit und Arbeit in Anspruch.
Das klappt nicht ohne einen tollen Verlag, gute Partner und eine Familie, die das Projekt mittragen.

Vielen Dank an den Heel Verlag für das Vertrauen in meine Arbeit und an meine Partner Kübler, Cococabana, Ankerkraut und Petromax, die an mich glauben und mich stets unterstützen.

Ein besonderer Dank geht an Angela, Monic und Philipp für den persönlichen Rückhalt und Beistand, der dafür sorgt, dass ich meine Träume verwirklichen kann und der Haussegen deswegen nicht schief hängt.

Euer Olli